KARL PLOBERGER

GENAU SO GEHT BIO-GARTEN!

20 JAHRE ERFAHRUNGEN DES INTELLIGENTEN FAULEN GÄRTNERS

avBUCH

HAFTUNGSAUSSCHLUSS

Für die Richtigkeit der Angaben wird trotz sorgfältiger Recherche keine Haftung übernommen.
Der Autor und der Verlag haben den Inhalt dieses Buches mit großer Sorgfalt und nach bestem
Wissen und Gewissen zusammengestellt. Sie übernehmen keinerlei Haftung für eventuelle Schäden,
die als Folge von Handlungen und/oder gefassten Beschlüssen aufgrund der gegebenen Informationen entstehen.

IMPRESSUM

Copyright © 2020 Cadmos Verlag GmbH, München

Konzeption & Fachredaktion: Ing. Veronika Schubert, www.medienbuero-garten.at

Lektorat: Ing. Barbara P. Meister MA, FachLektor.at

Covergestaltung, grafische Konzept und Satz: Gerlinde Gröll, www.cadmos.de

Bilder am Umschlag: Christoph Böhler (Karl Ploberger), Dusan Zidar/Shutterstock.com (Gummistiefel)

Illustrationen: Ian Millán-Ruiz

Druck: Graspo CZ, a.s., Zlín, www.graspo.com

Deutsche Nationalbibliothek – CIP-Einheitsaufnahme
Die Deutsche Nationalbibliothek verzeichnet diese Publikation in der Deutschen Nationalbibliografie;
detaillierte bibliografische Daten sind im Internet über http://dnb.ddb.de abrufbar.

Printed in EU

ISBN: 978-3-8404-7571-9

Neues vom Bio-Pionier
KARL PLOBERGER

GENAU SO GEHT BIO-GARTEN!

INHALT

DER GARTEN
FÜR INTELLIGENTE FAULE!

Wer hätte es damals gedacht, als mein Buch „Der Garten für intelligente Faule" erschien, dass es nach so langer Zeit noch immer gedruckt und verkauft wird?

Begonnen hat alles schon viel früher – mit meinen vielen Berichten in Radio und Fernsehen über das biologische Gärtnern. Vor gut 35 Jahren war „bio" eine Randerscheinung, und oftmals wurde ich belächelt. „Dein Schmierseifenwasser – da waschen sich doch die Blattläuse nur die Haare!" Diese Zeiten sind längst vorbei, und der Erfolg des Buches „Der Garten für intelligente Faule", die geniale „Natur-im-Garten-Bewegung" und viele andere Initiativen, hat das naturgemäße Gärtnern zum Standard und das konventionelle Gärtnern zum Außenseitertum gemacht. Der Slogan „Der Garten für intelligente Faule" hat dazu vielleicht einen kleinen Beitrag geleistet.

„Mit der Natur und nicht gegen die Natur" ist die Devise, und das in allen Bereichen – im Garten, auf dem Balkon oder auf der Terrasse. Denn eines hat sich auch in diesen 20 Jahren des „faulen Gartelns" gewandelt. Das Gärtnern ist einerseits zum Livestyle geworden, andererseits rücken immer mehr Men-schen ihre Bemühungen, gesunde Lebensmittel zu bekommen, in den Vordergrund.
Daher sind die Balkon- zu den Gemüsegärten der Städter geworden. Statt Rosen und Pelargonien gedeihen hier nun Kräuter und Gemüse.

Auch wenn es beim Garteln – wie immer und überall im Leben – manchmal Rückschläge gibt, die Freude am Arbeiten mit den Pflanzen, das Ernten und Ge-nießen bleiben ungebrochen. In den 20 Jahren seit meinem ersten Buch habe ich viele Erfahrungen gesammelt, meinen Garten vergrößert, verändert, verbessert und immer wieder Neues ausprobiert. Alle diese Gartenirrtümer, weisen Erkenntnisse, Tipps für die Gelassenheit sind mit 200 Gartenfragen in diesem Buch gesammelt worden. Damit auch die nächsten zwei Jahrzehnte das Garteln genauso viel Spaß macht wie in den vergangenen!

Unsere Erde und wir haben einen nachhaltigen Umgang mit unserer Natur verdient!

**Ihr Biogärtner
Karl Ploberger**

WWW.BIOGAERTNER.AT

Familie Ploberger genießt den Garten wann immer sich Gelegenheit dazu bietet.

Fotos © Christoph Böhler

DER NEUE GEMÜSE-GARTEN

WENN MÄUSE ZU GARTENPLANERN WERDEN

Acht Jahre sind wir schon im neuen Haus, der Garten wird allmählich „dreidimensional", war doch kein einziger Baum auf dem Grundstück und der Gemüsegarten war noch dort, wo wir ihn von Beginn an haben wollten – direkt neben der Küche. Bei meinen Radiosendungen über Gartenge-staltung betonte ich immer wieder, wie wichtig es doch sei, dass der Gemüsegarten ganz nahe der Küche angesiedelt sein sollte. Der Weg zu Schnittlauch und Petersilie darf nicht zu weit sein, sonst gibt's oft keine frische Würze – vor allem, wenn das Wetter schlecht ist.

Fotos © Christoph Böhler

Vom Garten in die Küche. Die Ernte fällt bei Plobergers immer reichlich aus.

Doch unser erster Gemüsegarten in bester Küchenlage musste im Jahr 2000 übersiedelt werden, weil sich der Boden durch den Hausbau wandelte, für Gemüse sich zu viel Staunässe bildete und zudem ein paar Plagegeister auf den Plan traten. Wühlmäuse nämlich fraßen sämtliche Wurzeln, insbesondere Karotten standen auf ihrem Speiseplan. Der neue Gemüsegarten ist mittlerweile 20 Jahre alt und wurde eine Festung. Er besteht aus 100 m² Beeten, einem Glashaus und ist von einer unterirdischen Betonmauer eingefasst.

„Oberirdisch fällt die Mauer kaum auf. Ist sie doch exakt geschalt und nur 20 cm hoch. Doch unter der Erde beißen sich meine Wühlmäuse nun die Zähne aus. 90 cm Stahlbeton, teilweise 50 cm stark …!"

Tipp für die Gelassenheit

#tippfürdiegelassenheit

Mulchen für die „wahren intelligenten Faulen"

Es ist DIE Säule des biologischen Gärtnerns und eigentlich nur der Natur abgeschaut. So wie der Laubteppich im Wald den Boden schützt und feucht hält, genauso bedeckt der Biogärtner den Boden mit organischem Material. Zu Beginn war das bei mir bloß Rasenschnitt, später kamen klein geschnittene Brennnesseln und sogar ausgerissenes Unkraut als Bodenbedeckung infrage. Und das alles nur deshalb, weil Regenwurm & Co. etwas futtern wollen und daraus den besten Humus machen.

GARTELN KOMPAKT FÜR GEMÜSEGÄRTNER

Garteln macht Spaß. Ob nun die ganze Familie vollversorgt werden soll oder auch nur die eine oder andere Vitaminlieferung für die Küche vorgesehen ist: Wichtig ist, dass der Garten gut geplant wird.

Ein sonniges Plätzchen, hervorragende, tiefgründig gelockerte Erde – und schon kann's losgehen. Der Regenwurm ist mein Hausfreund! Kompost, organischer Dünger und noch einige Male Quarzsand machen den Boden über die Jahre zu einem lockeren, wasser- und nährstoffspeichernden Erdreich.

Wer direkt ins Gemüsebeet säen möchte, sollte eine wichtige Regel niemals vergessen: „Wer früh sät, wird spät erntet." Denn für die Pflanzen ist nichts schlechter als ein kalter Start ins Leben. Viele Gemüsepflanzen können gar nicht direkt im Freiland angebaut werden, sie müssen vorgezogen werden.

GEMÜSE FÜR DEN VITAMINGARTEN

Bohnen (*Phaseolus vulgaris*) – Ob Busch- oder Stangenbohnen, hier gilt: Niemals vor Mitte Mai säen, denn die Keimlinge sind extrem kälteempfindlich.

Erbsen (*Pisum sativum*) – Palerbsen, Markerbsen und Zuckererbsen; sie gedeihen fast überall, weil sie sich (wie die Bohnen) „den Boden selbst düngen". Alte Äste oder ein niedriger Zaun sind ideale Rankhilfen.

Gurken (*Cucumis sativus*) – Sosehr ich auf alte Sorten stehe, bei den Gurken nehme ich immer die neuen, rein weiblichen, oftmals veredelte (auf Feigenblattkürbis), denn die wachsen immer und besonders kräftig.

Karotten (*Daucus carota* ssp. *sativus*) – Auch hier gibt es viele unterschiedliche Sorten; mein Favorit ist „Fly away", weil sie keine Karottenfliegen anlocken.

Kartoffeln (*Solanum tuberosum*) – Sind die Shootingstars. Ich setze sie im Topf oder in der sogenannten Kartoffelpyramide. Da benötigen sie wenig Platz. Besonders interessant sind die farbigen Sorten und die interessanten nicht heimischen Varietäten.

Kohl (*Brassica oleracea*) – So weit das Auge reicht: Weißkohl, Brokkoli, Kohlrabi, Sprossenkohl. Alle lieben humose, nährstoffreiche Böden. Besonders bequem: der „Ewige Kohl". Hier kann man jahrelang Blätter abschneiden.

Foto © Nataly Studio/Shutterstock.com

Mein Gartenschatz

#meingartenschatz

RUCOLA (*Eruca sativa*)

Nein! Es ist nicht Basilikum. Rucola hat für mich DEN Geschmack des Südens oder, genauer, jenen der Toskana. Kein Salat kommt dort ohne die würzigen Blätter aus – und so ist es auch bei uns.

Blätter: Sehen wie Löwenzahn aus, haben einen scharfen Senfölgeschmack.

Kultur: Einfach; entweder in Reihen aussäen (mit etwas Kompost in der Saatreihe) oder vorgezogene Pflanzen setzen. Wenn Rucola blüht, sind die Blätter zu intensiv im Geschmack und leicht bitter. Dann die Pflanze kräftig zurückschneiden und auf die neuen zarten Blätter warten.

Besonderheit: Einige Pflanzen blühen lassen, dann wandert Rucola durch Selbstaussaat durch den Garten und keimt in Pflasterritzen, in Töpfen von Kübelpflanzen oder am Gartenweg.

Verwendung: Nicht nur für Blattsalate, auch auf Pizzen, als Pesto und vor allem in Kräuteraufstrichen.

11

Keine Panik bei Schädlingsinvasion

Ein paar Blattläuse sind Ihre Sorgenkinder? Gehen Sie ein paar Wochen in den Urlaub, und das Problem ist gelöst! Die Natur heilt vieles selbst. Ohrwürmer, Marienkäfer, Vögel und andere Nützlinge sind die eigentlichen Helfer, auf die wir uns verlassen können. Und wird es doch einmal zu viel, setzen Sie auf die biologischen Pflanzenschutzmittel wie Schmierseife, Orangenöl und Mikroorganismen.

 # weiseerkenntnis

Foto © Christoph Böhler

Schädlinge sind noch kein Grund zur Panik.

Gartenirrtümer

Die Mischkultur ist wichtiger als die Fruchtfolge!

Gute Nachbarn – schlechte Nachbarn. So kennt man das. Und es ist auch eine sehr wichtige Grundlage für das korrekte Bepflanzen von Gemüsegärten. Zwiebeln gehören zu den Karotten, weil der Geruch, den die Zwiebel verströmt, die Möhrenfliege vergrault. Umgekehrt irritiert der Geruch der Karotte die Lauchfliege. Mischkultur war im Jahr 2000 noch das Wichtigste für mich, doch ich machte mit der Zeit andere Erfahrungen. Zuerst pflanzte ich exakt nach den Vorgaben zur perfekten Nachbarschaft, doch irgendwann wurde mir das im Sinne des „intelligenten Faulen" zu viel. Und egal, was ich nebeneinandersetzte, es funktionierte trotzdem, weil ich auf die Fruchtfolge achtete: Wächst in diesem Jahr Kohl auf dem Beet, dann kommt Kohl erst in fünf Jahren wieder hierher. Gleiches gilt für Zwiebelgewächse, die allesamt große Probleme mit Krankheiten und Schädlingen bekommen, wenn man sie zu oft hintereinander auf den denselben Platz setzt. Bestes Beispiel für mich ist die Petersilie. Sie ist absolut unverträglich mit sich selbst.

 # gartenirrümer

Kürbis (*Cucurbita pepo*) – Brauchen viel Platz, sind bei mir immer auf dem oder beim Komposthaufen. Die Topsorte ist der Hokkaido-Kürbis, weil er nicht zu große Früchte mit nussigem Geschmack liefert und mit der Schale verwendet werden kann.

Paprika (*Capsicum annuum*) – Lieben einen warmen, sonnigen Platz und humose, lockere Erde. Beste Erfolge habe ich erzielt, wenn ich sie in Töpfen kultiviert habe. Im Glashaus war es ihnen immer zu heiß.

Radieschen (*Raphanus sativus* var. *sativus*) – Typische Einsteigerpflanze für Hobbygärtner. Aufpassen: Es gibt Frühjahrs- und Sommerradieschen. Wer die falschen sät, erntet nur Blätter.

Rhabarber (*Rheum rhabarbarum*) – Darf in keinem Garten oder auch auf der Terrasse fehlen. Interessante Erfahrung: In großen alten Waschtrögen mit viel Dünger gepflanzt, gedeiht er prächtig.

Salate (*Lactuca sativa*) – Das Wichtigste überhaupt: Wählen Sie neben dem Kopfsalat den Feldsalat und vor allem Schnittsalat. Besonders robust sind Rauke oder Rucola. Alle drei Wochen nachsäen – dann endet die Salatproduktion nie.

Spinat (*Spinacia oleracea*) – Zählt zu den wichtigsten Pflanzen im Biogarten, weil Spinat die ideale Mischkulturpflanze ist. Was übrig bleibt, abschneiden und den Boden damit mulchen.

Tomaten (*Lycopersicon esculentum* var. *esculentum*) – Gibt es in vielen Sorten, Größen und Formen; unbedingt unter Glas- oder Foliendach ziehen, sonst kommt es zu Braunfäule. Ich geize immer aus, gebe ins Pflanzloch Kompost, Brennnesselblätter und Hornspäne und dünge mit Brennnesseljauche.

Zucchini (*Cucurbita pepo*) – Benötigt sehr viele Nährstoffe; am Fuß eines Komposthaufens ist der ideale Platz (obenauf wird die Erde zu sehr ausgelaugt). Wenn zu Beginn Früchte faulen, dann die ersten drei bis vier Fruchtansätze ausbrechen. Die Pflanze muss erst genug Wurzeln für die Fruchtbildung entwickeln.

Zwiebeln (*Allium cepa*) – Nicht bloß die normale Zwiebel anbauen, sondern auch Lauch/Porree, **Schalotten und natürlich Knoblauch** (*Allium sativum*); alle lieben humosen, lockeren und warmen Boden. Am besten Quarzsand einarbeiten.

GARTENREISEN

GREAT DIXTER
IN ENGLAND
2000

Mein allererster Garten, den ich in England besuchte, war **Great Dixter.** Nicht nur die herrlichen Blumenbeete, die üppigen Blumenwiesen, die kleine nostalgische Gärtnerei, sondern auch der geniale Gemüsegarten zogen mich in den Bann. Jahre später durfte ich in diesem Garten mit dem Headgardener Fergus Garrett gärtnern: Gehölze schneiden, Stauden teilen und – obwohl es nicht im Studienprogramm stand – immer wieder einen Blick in den Gemüsegarten werfen. Ein Gemüsegarten wie aus dem Bilderbuch – mit langen Reihen von Kohl, Mangold, Pferdebohnen, Zwiebeln, Lauch und vielem mehr.

DIE SEELE DES GARTENS

Genau das macht für mich dieses Anwesen aus: Es ist mehr als ein herrlicher Garten. Mehr als üppige, überquellende Blumenbeete. Es ist die Tatsache, dass Gärtnern Menschen aus aller Welt verbindet, denn der Vater dieses Gartens, Sir Christopher Lloyd, wollte der Jugend aus der ganzen Welt die Chance geben, hier in diesem Haus gärtnern zu lernen.

Great Dixter House and Gardens
Northiam, Rye TN31 6PH,
Vereinigtes Königreich
Geöffnet von März bis Oktober
(Montag geschlossen)

Karl Ploberger und
Fergus Garrett,
Headgardener
Great Dixter.

Fotos © Karl Ploberger

Im Biogarten Gemüse ernten …

Foto © Werner Schneider/shutterstock.com

GARTENFRAGEN
ZUM GEMÜSEGARTEN

livegartentipps

❀ **Wir haben eine alte Thujenhecke gerodet und wollen nun ein Hochbeet errichten. Dürfen wir das dort aufstellen oder ist in den Wurzeln Gift drinnen?**

Das können Sie absolut ohne Sorge machen. Richtig aufbauen – mit Gehölzschnitt, frischem Kompost, abgelagertem Kompost und als oberste Schicht Gartenerde (Hochbeeterde). Dann wird es bald das erste Gemüse geben.

❀ **Warum beginnt meine Steckzwiebel oft zu blühen und entwickelt keine Zwiebeln?**

Zwiebelpflanzen beginnen im zweiten Jahr zu blühen. Steckzwiebeln dürfen daher niemals kalt gelagert werden, weil sie sonst vermuten, dass der Winter schon vorbei ist und ihr zweites Jahr anbricht. Nur im ersten Jahr investieren sie ihre Kraft in die Zwiebelbildung. Übrigens: Die kleinsten Steckzwiebeln liefern die besten Erträge.

❀ **Mein Buchs im Gemüsegarten ist endgültig eingegangen. Wie hieß der Buchsersatz, den Prinz Charles in Highgrove in den Gemüsegarten gepflanzt hat?**

Gerade der ganz niedrige **Bauerngartenbuchs** (*Buxus sempervirens* 'Suffruticosa') wird extrem vom Pilz befallen. **Gamander** (*Teucrium*) ist ein idealer Ersatz, kann geschnitten werden oder man lässt ihn blühen – rosarot, ähnlich dem Lavendel.

❀ **Wie mache ich es, dass ich im Garten Rosmarin als Hecke kultiviere? Ich habe das auf einigen Abbildungen in britischen Gartenbüchern gesehen.**

Das hängt vor allem vom Klima ab. In einigen milden Gegenden wird es vielleicht gehen, aber generell ist Rosmarin nicht ganz winterhart. Das Wichtigste: extrem durchlässiger Boden (Kies, Sand zu gut 60 %), denn meist friert er nicht ab, sondern geht an Staunässe zugrunde.

... denn selbst geerntetes Gemüse aus dem Biogarten schmeckt unvergleichlich gut.

Foto © Marian Weyo/Shutterstock.com

🌸 **Meine Karotten keimen wieder einmal nicht. Wie war das mit dem Marmeladeglas-Trick?**

Ganz einfach: 2–3 cm Quarzsand in ein Marmeladeglas geben, Karottensamen dazu. Ein wenig Wasser, dann gut schütteln und verschließen und im Zimmer in die Wärme stellen. Nach acht bis zehn Tagen in die Saatrillen leeren. So müsste es klappen.

🌸 **Ich war dieses Jahr im Februar übereifrig und hab schon Paradeiser/Tomaten angebaut. Jetzt werden die Pflänzchen aber immer länger und länger. Was soll ich machen?**

Paradeisersämlinge, die zu lang werden, kann man „schrumpfen". Die Pflanzen aus der Saatschale nehmen. Die zu langen Stängel um einen Finger wickeln und dann diese zusammengedrehten Triebe in Töpfe unter die Erde setzen. Die Pflanzen bekommen dort sofort Wurzeln und wachsen, wenn sie nun genug Licht haben, kompakt weiter.

🌸 **Ich habe im letzten Jahr Tomaten aus Samen gezogen, die ich selbst aus den Früchten geerntet habe. Doch nichts außer viel Grünzeug wuchs – keine Früchte. Was habe ich falsch gemacht?**

Offenbar war die Saattomate eine sogenannte Hybridsorte. Die Originaltomate ist perfekt, vermehrt man sie aber, dann entstehen Pflanzen der eingekreuzten Vorgänger. Manchmal solche, die nur für den Wuchs zuständig sind und nicht für die Früchte. Vermehren lassen sich nur samenfeste Sorten.

🌸 **Ich habe dieses Jahr erstmals Salat im Spätherbst in mein Frühbeet gepflanzt. Einige Wochen konnten wir ernten, doch nun habe ich einmal den Schnee weggegraben und die Fenster geöffnet. Alle Blätter sind mit einem grauen pelzigen Überzug versehen. Darf ich sie gewaschen verwenden?**

Nein, die sollten sie nicht verwenden. Grauschimmel entsteht immer dann, wenn die Luft zu feucht war. Daher gilt: Wenig gießen, mulchen (damit keine Feuchtigkeit verdunstet) und an schönen Herbsttagen immer gut lüften. Warten Sie aufs Frühjahr, vielleicht treibt der Salat wieder durch.

🌸 **Sorgen mit Maggikraut. Wie pflege ich mein Liebstöckel? Es will einfach nicht gedeihen.**

Liebstöckel (landläufig als Maggikraut oder in Südösterreich als Luschstock bezeichnet) benötigt einen frischen und humusreichen Boden. Das bedeutet: lockere Erde, die nicht austrocknet. Viel Kompost und Hornspäne. Bester Standort ist im Halbschatten. Nicht zu viele Blätter (als Suppenwürze) abschneiden, dann wächst die Pflanze kräftig.

🌸 **Kann ich mein Hochbeet auch auf der Terrasse aufstellen? Ich besitze leider keinen Garten.**

Auf Terrasse und Balkon muss man auf die Statik Rücksicht nehmen. Hier wird sich wahrscheinlich eher ein Tischbeet eignen. Der große Vorteil der Verrottungswärme geht dann freilich verloren. Wichtig ist ein vollsonniger Platz.

In vielen Ländern steht Sonnentau (*Drosera* sp.) unter Naturschutz.

Foto © Ryzhkov Sergey/Shutterstock.com

Foto © Christoph Boßler

EIN „ECHTES" MOOR

STATT EINES LANGWEILIGEN POOLS

Diskussionen über Gartenprojekte gibt es in jeder Familie. Das kenne ich aus vielen Gesprächen. So war es auch bei uns, als es darum ging, ein Schwimmbad zu bauen. Letztlich scheiterte der Plan, weil kein geeigneter Platz gefunden wurde. Heute sind wir glücklich darüber und genießen den nahe gelegenen Attersee viel intensiver. Allerdings entstand im Zuge der Diskussionen der Wunsch, ein neues Wasserelement im Garten zu platzieren. 2001 ward „Moorprojekt" geboren.

Moore haben mich seit meiner Jugend begeistert. Diese kargen Böden, die dann doch durch geschickte Anpassung der Pflanzen eine ungeheure Vielfalt schaffen: Der Sonnentau mit seinen klebrigen Blättern, der kleine Mücken fängt und sich damit die Nährstoffe für sein Wachstum besorgt, oder die Venusfliegenfalle, die scheinbar wie ein Tier auf Fliegenfang geht und zuschnappt, wenn sich das Insekt in der Falle platziert hat. Das alles wollte ich auch bei mir im Garten haben.

Foto © Mehaniq/Shutterstock.com

Foto © Magnus Binnerstam/Shutterstock.com

„*Pflanzen, die sich wohlfühlen, gedeihen ohne Hilfe und vermehren sich prächtig, wie meine Frauenschuhorchideen. Oder das Torfmoos, das manchmal so stark wächst, dass es meine Insektivoren überwuchert.*"

Dazu noch die große Vielfalt an Moorbeetpflanzen wie Orchideen, Preiselbeeren, Stewartien und vielen anderen mehr.
Will man ein richtiges Moor anlegen, dann ist es ein größeres Unterfangen. Im Gegensatz zu einem Moorbeet, wo Flachwurzler wie Rhododendren oder Azaleen wachsen, ist in einem echten Moor der Wasserspeicher das Wichtigste. Und der sollte gut ein bis eineinhalb Meter in die Tiefe reichen.

Foto © yakonstant/Shutterstock.com

Tipp für die Gelassenheit

#tippfürdiegelassenheit

Wasser als Beruhigungsoase

Ob das Rauschen der Meereswellen, das Glucksen eines Flusses oder nur das Sprudeln eines kleinen Wasserspeiers am Teichrand: Wasser beruhigt. Es übertönt manchmal störende Geräusche oder lässt sie in den Hintergrund rücken. Nicht nur im Garten, auch auf dem Balkon sind kleine mobile Brunnen eine willkommene Geräuschkulisse.

SO ENTSTEHT EIN MOOR

Zuerst muss eine Grube von wenigstens einem Meter oder mehr ausgegraben werden. Übrigens: Je größer ein Moor ist, desto besser funktioniert es später. Dann kommt eine Teichfolie. Sie sorgt dafür, dass das Wasser wie in einem Teich festgehalten wird. Damit man wenig Moorbeetsubstrat benötigt, stellt man nun große Eimer verkehrt herum auf den Boden der Grube. Alle diese Kübel (ich habe die großen Pflanzcontainer von Bäumen verwendet) müssen mit großen Löchern angebohrt sein, damit sich darin Wasser sammeln kann. Dann wird mit ungedüngtem Moorbeetsubstrat aufgefüllt. Entweder verwendet man dafür grobfasrigen Torf, der oft als Abfall bei Erdenproduzenten anfällt und kompostiert wird, oder man bereitet ein eigenes Moorsubstrat aus Eichen- und Nusslaub. Allerdings dauert das drei bis vier Jahre. Diese Erde wird nun nicht nur auf die Kübel, sondern auch zwischen die Kübel eingefüllt und festgetreten. Später wird das Substrat wie bei einem Docht das Wasser aus den unteren Bereichen des Moores nach oben ziehen und die Pflanzen auch bei längerer Trockenheit mit Wasser versorgen

„Besonders attraktiv sieht das Moor aus, wenn man einen offenen Wasserbereich, eine sogenannte Schlenke, einbaut. Damit lässt sich der Wasserstand kontrollieren und die Gestaltung wird abwechslungsreich."

MOORPFLANZEN

Gepflanzt werden insektenfressende Pflanzen, Gehölze wie **Scheinkamelien** (*Stewartia* sp.) und Orchideen, die nur im sauren Substrat leben können. Zunächst braucht man Geduld, denn diese Pflanzen wachsen alle sehr langsam, aber nach einiger Zeit entsteht bei so einer Moorbeetbepflanzung der Gedanke an einen tropischen Regenwald: wenn die Preiselbeeren und die Cranberries die gesamte Fläche erobern oder das Torfmoos, das Sphagnum, zu wachsen beginnt. Wie im Dschungel beginnt nach einigen Jahren ein üppiges Wachstum, vor allem, wenn man den Fehler begangen hat, ausläufertreibende Farne in das Moor zu setzen. Diese an sich herrlichen Blätter können alles überwuchern, würde man sie nicht permanent reduzieren. Genauso müssen alljährlich im Frühjahr Ahorn-, Birken- und Haselnusssämlinge entfernt werden. Aber das gehört zu so einem speziellen Gartenelement dazu. Stehen allerdings die Orchideen, die Kannenpflanzen und die Scheinkamelien in voller Pracht, ist die Freude über das Projekt auch noch nach fast 20 Jahren groß. Faszinierend ist, dass sich, wie in der Natur, ein ökologisches Gleichgewicht einstellt.

Mein Gartenschatz

SCHLAUCHPFLANZEN (*Sarracenia* sp.)

Es war das Schaufenster im botanischen Garten beim Tropengewächshaus, das mich schon als Kind begeisterte. Schlauchpflanzen in allen Größen waren und sind hier zu bewundern.

Blätter: Meistens aufrecht, röhrenförmig mit einer flügelförmigen Längsseite; aufgerollte Lippe an der Öffnung des Schlauches.
Kultur: Gedeihen in vollem Sonnenschein; gut abgelagerten Laubkompost mit Quarzsand (kein Kalksand!) und etwas Tongranulat mischen und auf einer Fläche auffüllen, die das Wasser nicht abfließen lässt (Wasserbecken oder eine Senke mit einer Teichfolie).
Besonderheit: Pflanzen wachsen rasch und kräftig und holen sich die Nährstoffe im Wesentlichen von den Insekten, die in den Schlauch kriechen und an der glatten Oberfläche nicht mehr nach oben können.
Verwendung: Zahlreiche Arten und Sorten mit großartigen Farbschattierungen; ideal sind solche Beete am Rand von Moorbeeten (allerdings mit Folie getrennt) oder im Uferbereich von einem Teich.

#meingartenschatz

DER UNTERSCHIED ZUM MOORBEET

Landläufig werden Rhododendren, Azaleen und Kamelien als Moorbeet-pflanzen bezeichnet. Das stimmt allerdings nur bedingt. Gemeint ist da-mit, dass sie einen Boden benötigen, der wenig Kalk enthält. So gibt es kalkfreie Lehm- und Sandböden, in denen diese Pflanzen hervor-ragend gedeihen. Keinesfalls darf es in einem Beet mit Rhododendren oder Azaleen eine Staunässe geben. Das vertragen diese Pflanzen ganz und gar nicht. Und noch einen großen Unterschied gibt es zum „echten" Moor. Leben dort Gewächse, die mit wenig bis gar keinen Nährstoffen im Boden auskommen, so benötigen die Rhododendren und Azaleen viele Nährstoffe. Gedüngt werden sie immer im zeitigen Frühjahr, etwa sechs Wochen vor der Blüte, mit einem Dünger, der kalkfrei ist und etwas Schwefel enthält, um doch noch vorhandene Kalkreste zu neutralisieren.

Foto © Sandra Mayr

Weise Erkenntnis

#weiseerkenntnis

Laubkompost ersetzt Torf

Manchmal meint man, es gäbe bei bestimmten Problemen keine Alternative, doch das stimmt nicht immer. Lange Jahre habe ich für meine speziellen Pflanzenkulturen wie Kamelien oder Rhododendren mit schlechtem Gewissen Torf genommen. Nun verwende ich eine neue, torffreie Rhododendronerde, die aus Rindenhumus sowie Eichen- und Nusslaubkompost besteht. Angereichert mit einem Moorbeetdünger ist sie die beste Grundlage für ein kräftiges Wachstum dieser Pflanzen mit der „sauren" Vorliebe. Wer also große Nussbäume im Garten hat, sollte nicht über das Laub jammern, sondern es extra kompostieren und damit die kleine Moorbeet-Erdfabrik errichten.

Gartenirrtümer

#gartenirrümer

Moore liegen im Schatten

Es ist nicht ganz leicht, den Überblick zu bewahren, denn viele der Moorbeetpflanzen sind eher im Schatten oder Halbschatten zu Hause als in der vollen Sonne. Aber ein echtes Moor mit den Insektivorien, dem Sphagnum und den vielen Moorbeeren ist ein absoluter Sonnenanbeter. Nur dort wachsen diese typischen Pflanzen. Wird es zu schattig, nehmen rasch Farne überhand und verdrängen die Moorpflanzen.

Foto © Werner Schnetzer

GARTENREISEN

DAS AUSSERGEWÖHNLICHE LIEGT NAH!

Gartenreisen sind für mich auch Wanderungen durch Naturlandschaften. Ganz in der Nähe von meinem Wohnort gibt es gleich mehrere Moore. Das schönste liegt aber etwas oberhalb des Attersees im Gemeindegebiet von Unterach. Das sogenannte **Egelseemoor** ist ein relativ kleines, aus der Eiszeit stammendes Niedermoor, in dem viele seltene Pflanzen wachsen. Schon der Weg zu diesem Naturschutzgebiet ist idyllisch und auch für wenig Geübte leicht zu bewältigen. Schwingrasen & Knabenkraut: Am Rande des kleinen dunklen Moorsees findet man einen sogenannten Schwingrasen, der beim Gehen ein ungewöhnliches Gefühl des Schwebens auslöst. In diesem Boden wächst Sonnentau (für den ich die österreichweite Patenschaft übernehmen durfte) sowie zahlreiche Orchideen, darunter das Knabenkraut. Schon im zeitigen Frühjahr, wenn die Schneeschmelze einsetzt, lässt sich mit hohen Stiefeln das Moor erkunden und gut erkennen, dass unter den Wiesen überall das Wasser steht und für das Gedeihen der speziellen Pflanzen sorgt.
Naturschutzgebiet Egelsee

Kurze Wanderung von Unterach am Attersee,
beim Seegasthof Stadler in Stockwinkel, 2 km Länge,
Höhenunterschied: 140 Meter, Dauer: ca. 1 Stunde
Im Sommer Bademöglichkeit

Foto © Sandra Mayr

Foto © Sandra Mayr

Foto © Werner Schneitzer

Preiselbeeren im Rottalmoos.

GARTENFRAGEN
ZU MOOR, MOORBEET & CO.

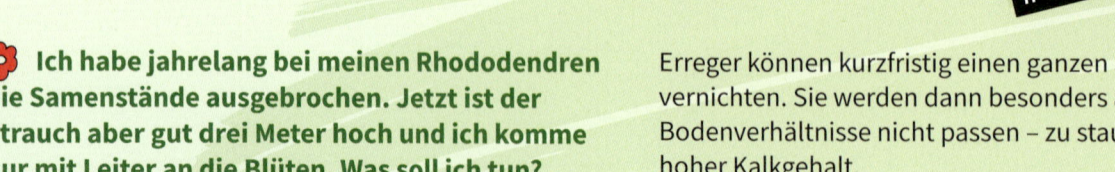

 # livegartentipps

🌸 **Ich habe jahrelang bei meinen Rhododendren die Samenstände ausgebrochen. Jetzt ist der Strauch aber gut drei Meter hoch und ich komme nur mit Leiter an die Blüten. Was soll ich tun?**

Bei großen Pflanzen muss man nicht mehr ausbrechen, das verkraften die Rhododendren. Bei kleinen Gehölzen kann man durch die Maßnahme die Kraft in die neuen Triebe statt in die Samenbildung leiten. Wichtig ist aber in jedem Fall eine ausreichende Düngung.

🌸 **Einige Äste meiner Rhododendren sind plötzlich welk geworden, obwohl es weder trocken war noch irgendwelche Schädlinge zu entdecken sind. Muss ich mit dem Absterben des ganzen Strauchs rechnen?**

Ursachen können es viele sein, die wahrscheinlichste ist eine Pilzkrankheit. Daher sofort den Ast bis ins gesunde Holz zurückschneiden und das Werkzeug mit hochprozentigem Alkohol reinigen. Diese *Phytophthora*-Erreger können kurzfristig einen ganzen Strauch vernichten. Sie werden dann besonders aktiv, wenn die Bodenverhältnisse nicht passen – zu staunass und zu hoher Kalkgehalt.

🌸 **Ich bekämpfe seit Jahren den Dickmaulrüssler mit Nematoden, dennoch sind immer wieder Blätter angebissen. Soll ich es einfach belassen oder muss ich trotz Bekämpfung damit leben?**

Bekämpft werden mit den Nematoden die Larven im Boden (im Frühjahr und Herbst). Sie sind die wirklich gefährlichen Schädlinge, denn sie fressen die Wurzeln beim Stammansatz ab und können große Gehölze vernichten. Ausrotten kann man den Käfer nie, denn er fliegt immer wieder zu.

🌸 **Meine Kamelien haben schöne Blätter, aber noch niemals Blütenknospen angesetzt. Was mache ich falsch?**

Schachtelhalm an einem feuchten Waldstandort.

Wahrscheinlich wird zu wenig gedüngt und der Standort im Sommer ist zu schattig. Halbschattige Plätze sind ideal; in der vollen Sonne gedeihen die Kamelien bei ausreichender Bodenfeuchtigkeit auch, setzen dann aber zu viele Knospen an. Ab Dezember bei etwa 0–10 °C überwintern.

🌼 **Ich habe den Fehler gemacht und in meinem kleinen Moor einen Schachtelhalm angepflanzt. Der wuchert nun alles zu. Gibt es da eine Lösung?**

Leider nicht wirklich. Der besonders wüchsige Schachtelhalm vermehrt sich durch Ausläufer und kann nur durch konsequentes Ausreißen entfernt werden. Das gilt sowohl für diesen Sumpfschachtelhalm wie auch für den noch lästigeren Ackerschachtelhalm.

🌼 **Ich hatte einmal an meinen Teichrand eine sogenannte Moorbirke gesetzt. Sie ist anfangs ganz gut gewachsen, aber dann plötzlich eingegangen. Der Rand ist mit Moorbeeterde und Kalkstein bedeckt.**

Birken sind ansonsten nicht sehr anspruchsvoll, aber diese Art hat sich an die besonderen Standorte angepasst. Daher hat ihr weder die nährstoffreiche(re) Erde noch das Kalkgestein zugesagt. Moorbirken gehören einfach ins Moor und bleiben dort kompakt und klein.

🌼 **Kann ich bei meinen Heidelbeeren, die schon viele gelbe Blätter haben, mit Moorbeeterde etwas retten oder muss ich nur kräftig düngen?**

Bei beiden Maßnahmen muss man lange warten, bis wieder kräftiges Wachstum einsetzt. Wichtig ist bei der sogenannten Kulturheidelbeere, dass wirklich von Anfang an kalkfreies Substrat (Lauberdekompost oder torffreie Moorbeeterde) und ein spezieller Moorbeetdünger verwendet werden. Besser die Pflanzen ersetzen.

🌼 **Meine Zimmerazaleen stehen im Sommer auf der Terrasse unter den Kübelpflanzen im Schatten. Doch mit den Jahren werden die Blätter immer gelber und nicht mehr so saftig grün. Was kann die Ursache sein?**

Ganz klar: Düngermangel und das falsche Gießwasser. Daher: Sofort umtopfen und regelmäßig mit Rhododendron-Dünger versorgen. Ab September ist Ruhezeit, zu Weihnachten beginnt die Blüte.

🌼 **Kann ich mit Schwefel den Boden sauer machen?**

Ja, das geht. Er ist auch in vielen Moorbeetdüngern enthalten. Aber Vorsicht! Schwefel wird mit Wasser zur Schwefelsäure, die den Kalk neutralisiert, aber auch Wurzeln verbrennen kann.

🌼 **Darf ich Rhododendren mit Hornspänen düngen? Oder ist da Kalk dabei?**

Hornspäne sind genauso wie Schafwollpellets ein perfekter Dünger. Ausreichend verwenden, denn Moorbeetpflanzen (Rhododendren, Azaleen, Heidelbeeren) sind sehr hungrig.

BLUMEN-WIESEN-LIEBE

MEIN VERGLEICH MACHT MICH SICHER

Blumenwiesen anzulegen gehört zu den schwierigsten und vor allem mühsamsten Arbeiten in einem Garten, denn die Pflanzen, die eine besonders schöne Blumenwiese ausmachen, mögen keine nährstoffreichen Böden. Meine zwei Blumenwiesen haben eine unterschiedliche Geschichte, die für beide im Jahr 2002 beginnt. Die sogenannte „vordere" Wiese habe ich exakt nach Lehrbuch angelegt und den gesamten Humus entfernt. Bei der „hinteren" Wiese ließ ich die ursprüngliche Bauernwiese durchwachsen. Bleiben wir bei der vorbildlich geplanten Wiese. Dort entfernte ich den Humus, aber – das war der Fehler – arbeitete keinen Sand ein. So war der sehr schwere, aber nun humusarme Lehmboden nicht wirklich geeignet, um den Wiesenkräutern die notwendige Basis für ein kräftiges Wachstum zu geben. Noch dazu griff ich beim Saatgut nach einem Standardprodukt, das zu viele Grassamen enthielt.

© Batakua van D/Shutterstock.com

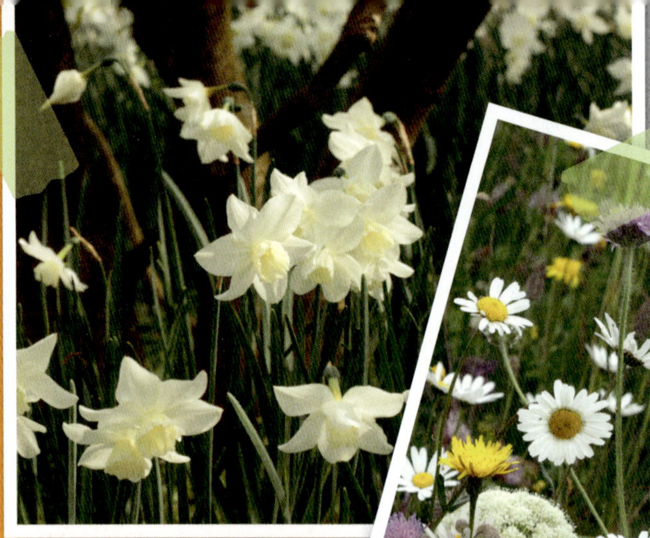

Die Narzissensorte 'Thalia'.

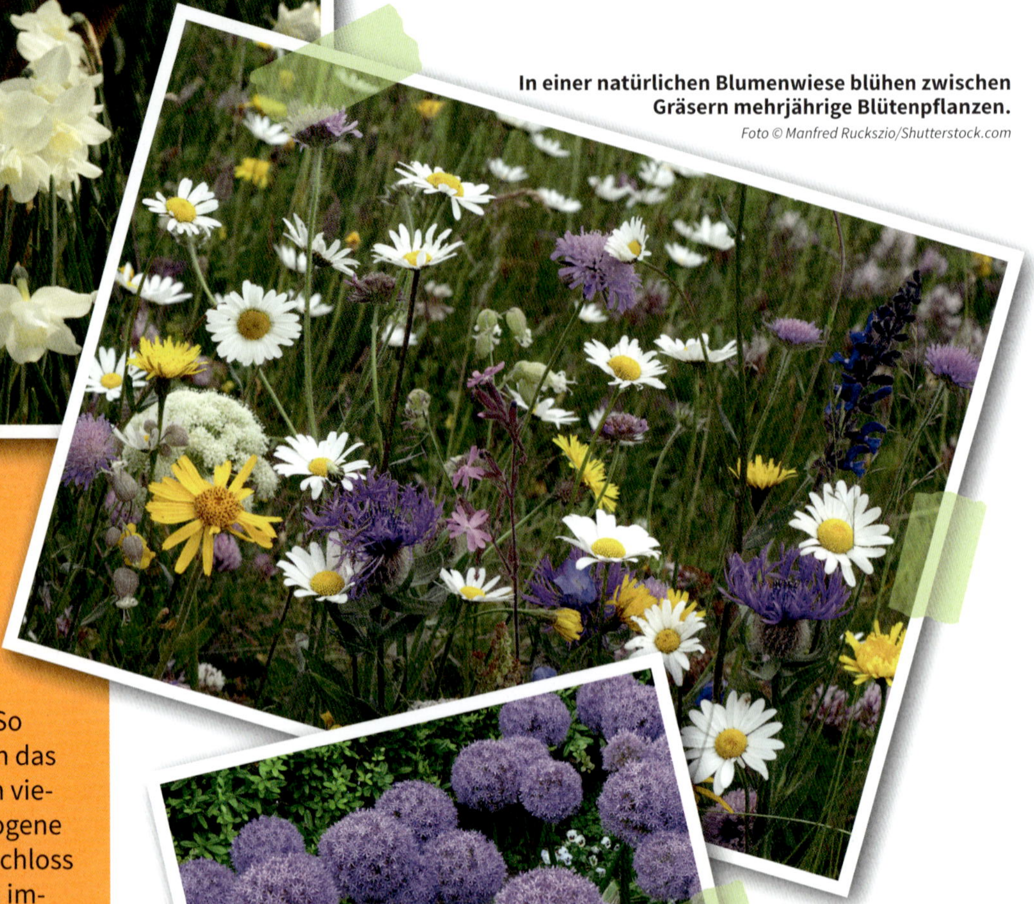

In einer natürlichen Blumenwiese blühen zwischen Gräsern mehrjährige Blütenpflanzen.

Zahlreiche einjährige Blumen gingen auf, machten aus der Wiese ein blaues Paradies aus Wegwarten, aber das war es dann auch schon. So kam in den Jahren danach das mühsame Ergänzen durch vielerlei Saatgut und vorgezogene Pflanzen. Schließlich entschloss ich mich, das – doch noch immer zu kräftigem Graswachstum neigende – Wiesenstück mit Blumenzwiebeln zu ergänzen. Narzissen der Sorte 'Thalia' und Zierlauch der Sorte 'Globemaster' machten aus dem Stück Garten ein Paradies.

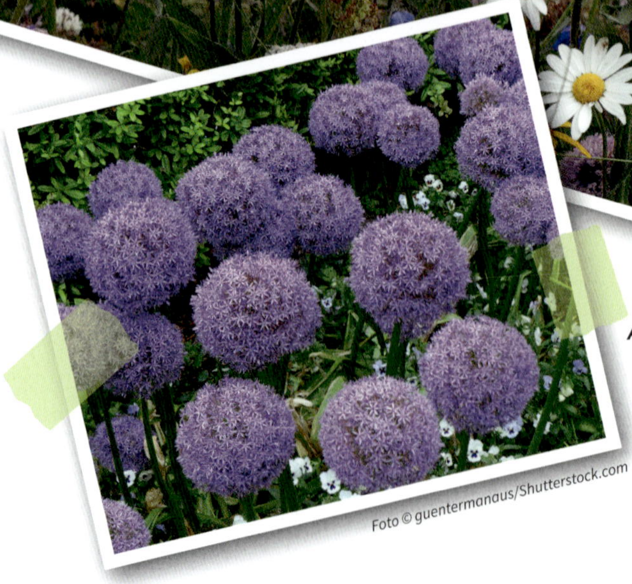

Allium giganteum 'Globemaster' in voller Blüte.

Tipp für die Gelassenheit

#tippfürdiegelassenheit

Heu wird zu Kompost

Im ersten Moment erschreckt man, wenn man die hochgewachsene Blumenwiese mäht: Wohin mit dem Schnittgut? Ob mit Sense oder Motorsense, die Menge bleibt beinahe gleich und schrumpft nach dem Abtrocknen deutlich. Dann kommt das Heu bei mir (mangels Haustieren) auf den Kompost. Der wird damit schön abgedeckt und vor der zu dieser Zeit meist sommerlichen Hitze vor dem Austrocknen geschützt. Innerhalb weniger Wochen reduziert sich das Schnittgut auf eine wenige Zentimeter dicke Schicht und bildet mit all den anderen organischen Stoffen eine hervorragende Basis für einen guten Humus.

ZWIEBELWAHNSINN TREIBT BLÜTEN

So wird die Wiese mit Blumenzwiebeln bestückt: In kleinen, quadratisch ausgestochenen Rasenziegeln setzt man je zehn Narzissen und drei Zierlauche. Am besten etwa 100 Mal!

Die Mühe lohnt sich. Zuerst erstrahlt über mehrere Wochen die Wiese in einem sanften „Narzissenweiß", dann folgen gemeinsam mit Margeriten oder anderen Wiesenblumen die Zierlauche. Die Blütenwelt der Wiesenblumen ändert sich jährlich. Einmal sind es die Skabiosen, die dominieren, dann wieder die Glockenblumen.

Foto © Karl Ploberger

„Zweimal im Jahr mähen und immer das Schnittgut entfernen, magert den Boden nach und nach ab. Doch selbst nach zwanzig Jahren kann der Graswuchs immer noch stark sein. Mit dem schmarotzenden Klappertopf (Rhinanthus minor) lässt sich das Gras so schwächen, dass verstärkt Blütenkräuter durchkommen und den Traum einer richtigen Blumenwiese wahr werden lassen."

SCHRITT FÜR SCHRITT ZUR BLUMENWIESE

Blumenwiesen sind gerade in den letzten Jahren zum großen Thema geworden. Insekten- und vor allem der Bienenschutz motivieren viele Gartenbesitzer, aber auch öffentliche Institutionen, anstelle einer pflegeaufwendigen Rasenfläche eine blühende Alternative anzulegen.

Geht man absolut richtig vor, heißt es zunächst die Erde abzumagern. Das kann durch das Aufbringen von großen Mengen an Kies und Sand erfolgen. Etwa 15 bis zu 20 cm sind nötig, um den mageren Boden aufzubauen. Davor sollte die Fläche gut durchgefräst und damit durchlässig gemacht werden. Die erste Partie Sand wird mit dem Mutterboden eingefräst, im oberen Bereich sollte aber am besten reiner Quarzsand sein, der nur mit einer ganz geringen Menge an Lehm vermengt wird. Und dann heißt es das richtige Saatgut zu wählen. Hier sind Fachbetriebe zu empfehlen, die einen Saatgutmix zusammenstellen, der für die Licht- und Feuchtigkeitsverhältnisse des Grundstücks passend ist.

Mein Gartenschatz

MARGERITE (*Leucanthemum vulgare*)

Die Wucherblume, wie die Wiesen-Margerite auch genannt wird, „wächst wie Unkraut"! Kaum eine andere Pflanze spiegelt in meinem Garten so sehr die wiedererwachte Liebe zur Natur wider wie die Margerite.

Blüte: Weiße Korbblüten mit gelber Mitte, Juni bis Anfang Oktober, Bienen- und Schmetterlingspflanze

Blätter: Grundständige Blattrosette, daraus wachsen 50 cm bis 1 m hohe Stiele.

Kultur: Auf mageren Böden; kommt nur ein einziges Mal Stickstoff auf die Fläche, ist es mit der Blütenpracht für einige Zeit vorbei!

Besonderheit: Nach dem Mähen auf der Fläche gut abtrocknen lassen, dann sät sich die Pflanze schneller aus.

Verwendung: War es früher im Hausgarten undenkbar, Wiesenmargeriten im Rasen stehen zu lassen, so gehören heute die blühenden weißen Inseln im Frühsommer dazu.

#meingartenschatz

Foto © Nella/Shutterstock.com

Zottiger Klappertopf
(Rhinanthus alectorolophus).

Foto © simona pavan/Shutterstock.com

Weise Erkenntnis

Klappertopf killt das Gras

Es war tatsächlich eine Gartenreise nach England, die mich auf diese an sich bekannte, aber weniger wegen ihrer „inneren Werte" geschätzte Pflanze aufmerksam machte. Der **Klappertopf** (*Rhinanthus*, vor allem *R. alectorolophus*), bei Bauern verpönt, gilt als sogenannter Halbschmarotzer und entwickelt nur ein sehr schwaches Wurzelwerk. Damit hängt er sich aber an die Wurzeln der Gräser und anderer Pflanzen an und reduziert deren Wuchskraft so sehr, bis sie beinahe eingehen. Vor allem Wasser entzieht der Klappertopf den Wirtspflanzen, denn Fotosynthese betreibt er selbst. Dadurch wird in einer Blumenwiese das Graswachstum deutlich gebremst und die herrlichen Kräuter-Blumen-Wiesen entstehen. Bei Bauern, bei denen es um die Grasmenge geht, ist er freilich nicht beliebt.

 # weiseerkenntnis

Gartenirrtümer

Blumenwiese im Handumdrehen

„Ich lasse einfach das Rasenmähen sein, dann wird daraus eine Blumenwiese." Diesen Satz höre ich oft und kann nur sagen: Denkste! Denn genau dort, wo der Rasen einmal gewachsen ist, wird kaum eine Kräuterwiese entstehen. Es sei denn, die Fläche wurde nie gedüngt und ist weniger ein Rasen als eine Ansammlung von Wildkräutern. Ansonsten heißt es: Zurück zum Anfang und den Boden abmagern.

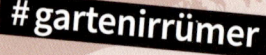

 # gartenirrümer

EIN STÜCK PFLEGEINTENSIVER RASEN DARF SEIN

Bei aller Vorliebe für Blumenwiesen gehört in einen gestalteten Garten meist auch eine Rasenfläche. Der sogenannte „Englische Rasen" kann bei einer Witterung mit hohen Sommertemperaturen nicht erzielt werden. Ein ganz kleines Stück aber, das mit Wasser versorgt wird, lässt sich zum britischen Stück Grün verwandeln. Dort wächst (ohne jegliche Chemie) dann dichter Rasen und verdrängt jegliches Unkraut. Denn das ist das eigentliche Geheimnis für einen schönen Rasen: qualitativ hochwertiges und sehr teures Saatgut zu kaufen, das bei ausreichender organischer Düngung eine dichte Matte bildet. Versorgt werden solche Rasenflächen mindestens drei Mal pro Jahr mit Dünger: im zeitigen Frühjahr, im Juni und im September/Oktober. Niemals sollte zu kurz, also auf Stufe IV (das sind etwa 4–5 cm), gemäht werden. Nur dann haben die Gräser die größte Kraft, um die gesamte Fläche dicht zu bewachsen.

GARTENREISEN

Die berühmte englische Gartenkultur treibt die **Royal Horticultural Society (RHS)**, die Königliche Gartenbaugesellschaft, stets zu neuer Blüte. Den besten Beweis für ihren grünen Daumen liefern die Engländer in Wisley Garden, einem riesigen Schaugarten unweit von London. Seit 30 Jahren bin ich Jahr für Jahr auf diesem fast 100 Hektar großen Gelände und entdecke immer Neues.

PILGERSTÄTTE ALLER KÖNIGLICHEN GÄRTNER

Wichtiger sind aber die vielen Schaubereiche der Anlage: Ob Rosengarten oder Staudenborder, ob Kamelien oder Rhododendren, Alpinum-Häuser oder die großartigen neuen Tropengewächshäuser – sie lassen genauso wenig Wünsche offen wie die endlosen Obstgärten, die Gemüseschaugärten oder die alljährlich wechselnden Pflanzversuche. Die Gartenfans kommen aber auch, um in Wisley die größte Gartenliteratursammlung der Welt zu besuchen oder in naher Zukunft das größte europäische „Centre for Horticultural Science and Learning", das 2021 eröffnet wird.

Wisley Gardens, Woking, Surrey GU23 6QB
Täglich geöffnet: Mo bis Fr 10–18 Uhr
Sa, So und Feiertag 9–18 Uhr
Für RHS-Mitglieder gratis Eintritt

Fotos © Karl Ploberger

Foto © Valsheb/Shutterstock.com

Die Magerwiesen-Margerite *(Leucanthemum vulgare)* ist eine mehrjährige, krautige Pflanze.

GARTENFRAGEN RUND
UM RASEN & BLUMENWIESE

 # livegartentipps

🌸 **Meine neu ausgesäte Blumenwiese war im ersten Jahr ein Traum. Blüten über Blüten ein ganzes Gartenjahr lang. Dieses Jahr ist aber nichts mehr da. Was ist passiert?**

Sie haben mit großer Wahrscheinlichkeit eine Blütenmischung gesät, die fast zur Gänze aus einjährigen Pflanzen besteht. Das ist an sich für nährstoffreiche Böden eine gute Alternative, allerdings muss man jährlich neu einsäen, zu Beginn gut wässern und Schnecken fernhalten.

🌸 **Mein Rasen ist voller Moos! Eine Frage, die Sie wahrscheinlich schon öfter gehört haben – aber dennoch: Was tun?**

Moos kommt immer dann im Rasen vor, wenn es zu wenig Sonnenlicht gibt, der Boden zu nährstoffarm ist und es zu Staunässe kommt.
Also entweder düngen und lockern, oder – weil zu schattig – ein schönes Schattenbeet mit Farnen & Co. anlegen.

🌸 **Seit einigen Jahren wird unsere Gegend von einer Mai- und/oder Junikäferinvasion heimgesucht. Wir konnten den Rasen wegrollen, es gab keine Wurzeln mehr. Kann ich giftfrei vorbeugen?**

Sehr schwierig, aber: Gegner Nummer eins ist der Maulwurf (auch kein immer gern gesehener Gast, so nützlich er ist). Dann tief vertikutieren, das vernichtet einige der Engerlinge, und kleine Rasenflächen mit Nematoden gegen Dickmaulrüssler behandeln (sind für Maikäferlarven nicht zugelassen, aber eine extra Zulassung für den „zusätzlichen Schädling" würde zu viel Geld kosten, daher ist dies ein inoffizieller Tipp).

🌸 **Kann ich meinen Rasen zur Blumenwiese machen, wenn ich ihn ganz kurz mähe, vertikutiere und dann Blumenwiesensamen ausstreue?**

Ja, das ist eine oft vorgeschlagene Variante, aber sie wird nur zum Teil Erfolg bringen, denn das Erdreich ist meist zu nährstoffreich. Ist der Rasen aber ein Magerrasen gewesen, dann könnte es klappen.

Wildblumenwiese mit Klatschmohn, Lichtnelken und Kornblumen.

🌸 **Ich habe gesehen, dass manche Ökogärtner die Blumenwiese bis in den September stehen lassen und erst dann mähen. Ist das sinnvoll? Und was bringt es?**

Solche Ein-Mahd-Wiesen sind immer dann sinnvoll, wenn es sich um sehr magere und trockene Standorte handelt. Die Kräuter säen sich bereitwillig in der Hitze des Sommers aus und keimen im Herbst. Niemals zu tief mähen. Am besten mit der Sense, das Schnittgut vor Ort abtrocknen lassen und mehrmals wenden.

🌸 **Warum ist manches Rasensaatgut so billig und anderes wieder so teuer? Nur Nepp?**

Nein, das ist der tatsächliche Qualitätsunterschied. Manche Gräser treiben rasch Blüten und bilden viele Samen – das sind die billigen Rasensorten. Andere setzen sehr wenig Samen an und sind zudem noch mit vielen unterschiedlichen Sorten gemischt. Das macht die Qualität aus.

🌸 **Warum sollte ich organisch düngen und nicht wie bisher mit Blaukorn? Ich war eigentlich zufrieden, musste allerdings alle vier Wochen düngen.**

Genau das ist das Problem! Mineralische Dünger werden rasch ausgewaschen und reduzieren das Bodenleben, daher muss ständig nachgedüngt werden. Organische Dünger dagegen „arbeiten" mit dem Bodenleben zusammen und versorgen den Rasen wie auch alle anderen Pflanzen langfristig mit Nährstoffen. Dennoch dreimal pro Jahr düngen!

🌸 **Sind Sie für oder gegen die Rasenroboter?**

Schwierige Frage! Ich bin zwar der „faule Gärtner", aber auch gegen die automatische Bewässerung, weil ich meine Pflanzen „besuchen" will. Trotzdem ist automatisches Wässern und Mähen praktisch. Ob es tatsächlich viele tierische Opfer gibt, konnte ich bisher nicht verifizieren. Zweifellos sterben viel mehr Igel im Straßenverkehr. Aber Handmäher sind sicher ökologischer.

🌸 **Wie oft gießen Sie den Rasen?**

Im Prinzip gar nicht, denn ich habe einen Kräuterrasen. Aber wenn, dann alle drei, vier Tage intensiv (ca. 20–30 l/m²) und dann wieder Pause. Damit wurzeln die Gräser tief und sind hitzefest. Hängt aber stark vom Boden und den Temperaturen ab.

🌸 **In Ihrer Blumenwiese waren so herrliche Rasenpfade ausgemäht. Wie kommt man zu denen?**

Das ist ganz einfach! Hier wird vom Frühjahr an immer gemäht, so entstehen diese Wege, mit denen man die Blumenwiese hautnah erleben kann.

Sternjasmin
(Trachelospermum)

DER HOF WIRD ZUM WINTER-QUARTIER

KÜBELPFLANZEN SIND MEINE GROSSE LEIDENSCHAFT

Der Traum vom Süden! Orangen, Zitronen, Oliven, aber auch Hanfpalmen oder die herrlichen Blüten der Kamelien. Wann immer ich im Urlaub in mediterrane Gärten kam, erwachte die Sehnsucht, diese Pflanzen auch bei mir zu ziehen.

Vor allem der duftende **Sternjasmin** (*Trachelospermum jasminoides*) hatte es mir bei meinen Reisen nach Venedig angetan. „Wenn der dort wächst, dann muss er doch wohl auch bei uns mit sehr wenig Überwinterungstemperatur überleben", dachte ich mir.

Die ersten Jahre wanderte der immer größer werdende Stock noch gemeinsam mit den vielen anderen Pflanzen in den Keller. Bei knapp zwölf Grad und einer künstlichen Beleuchtung mit einer speziellen (grausigen) rosa-violettfarbigen Pflanzenleuchte stand er dort. Es ging ihm so lala. Die Pflanze überlebte zwar, hatte in den ersten Wochen im Frühjahr immer Mühe, wieder so schön zu werden, wie er beim Einräumen war.

So kam es 2003 zum Projekt „Hof überdachen und einigermaßen wetter- und winterfest machen". Hier waren ideale Überwinterungsvoraussetzungen für einige der robusten Kübelpflanzen, die seither prächtig gedeihen. Allen voran geht es dem **Sternjasmin** (*Trachelospermum jasminoides*) ausgezeichnet, der nun schon seit dieser Zeit in ein und demselben Topf steht und jedes Jahr nur ein wenig Bodenaktivator und Dünger bekommt.

Foto © Ole Schöner/Shutterstock.com

Foto © Christoph Böhler

Kamelien (*Camellia japonica*) blühen während der kalten Jahreszeit im Wintergarten.

Weise Erkenntnis

Kamelien sind Mimosen

Wenn hier von Mimosen die Rede ist, dann freilich nur bildlich. Aber die Kamelien (meist *Camellia japonica*) sind extrem anspruchsvoll, was Temperatur und Gießen betrifft. Den Sommer über halten sie praktisch alles aus, doch kaum zieht der Winter ins Land, darf es nicht zu warm sein, sonst werfen sie Blütenknospen und sogar Blätter ab. Wird dann auch noch das Gießen vergessen, ist es um die Pflanze fast schon geschehen. Gerade der Wurzelballen der Kamelien nimmt, wenn er einmal ausgetrocknet ist, kaum Wasser auf. In diesem Fall ist es besser, den Topf für einige Stunden in einen Eimer Regenwasser zu stellen, um die Erde wieder gut zu durchfeuchten.

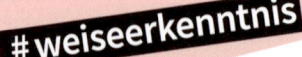

#weiseerkenntnis

Japanischer Liguster
(*Ligustrum japonicum*)

Foto © Konstantinos Livadas/Shutterstock.com

GUT DURCH DEN WINTER

Der herrlich duftende, immergrüne **Japanische Liguster** (*Ligustrum japonicum*), der in vielen Gegenden frosthart ist, aber in manchen Regionen Österreichs wie im Salzkammergut wahrscheinlich nicht 100%ig überlebt, und der **Klebsame** (*Pittosporum tobira*) können in einem kühlen Überwinterungsraum gesichert überwintern. Der Klebsame ist wie der Japanische Liguster extrem robust, wird während der Wintermonate kaum gegossen und beginnt ab April im Freien mit kräftigem Wachstum. Jahr für Jahr können solche Pflanzen im Frühjahr und bei Platzmangel auch schon im Herbst kräftig zurückgeschnitten werden. Wichtig ist allerdings die Temperatur, speziell in einem absolut sonnenlosen Überwinterungsraum, der z. B. zwischen Haus und Garage liegt und nur durch ein einfaches Glasdach überdacht wird. Geheizt muss erst bei drohendem Dauerfrost werden.

Mein Gartenschatz

HANFPALME (*Trachycarpus fortunei*)

Die Hanfpalme ist in den letzten Jahren zum großen Star unter den Exotikgärtnern geworden. Ich überwintere alle Palmen, die im Topf stehen, bei 0 °C im Hof bzw. im Gewächshaus.
Blätter: Mittelhohe Fächerpalme; Blattkrone aus 50 und mehr grünen Fächern
Kultur: Gegen starke Fröste mit Vlies schützen: So einpacken, dass kein direkter Kontakt zum Laub besteht, denn dort ist die Temperatur am niedrigsten und diese Blätter werden sonst durch die Kälte vernichtet.
Besonderheit: Für kurze Zeit übersteht die Hanfpalme ohne Schutz bis minus 15 °C. Mit entsprechendem Winterschutz kann sie im Weinbauklima im Freien bleiben.
Verwendung: Kübelpflanzen oder mit Winterschutz ausgepflanzt

#meingartenschatz

KAMELIEN, EINE EMPFEHLUNG

Sie sind Vorfrühlingsblüher und haben es am liebsten kühl, sehr kühl. Temperaturen um die null Grad sorgen dafür, dass die „Japanischen Rosen" (*Camellia japonica*) erst im Frühjahr im Garten blühen und nicht versteckt schon früher im Überwinterungsraum. Man kann sie Anfang März ausräumen, dann heißt es allerdings, die Pflanzen mit Vlies zu schützen, wenn Frost droht. Doch selbst wenn die eine oder andere aufgeblühte Blüte abgefroren ist, die Knospen überstehen die Kälte problemlos – bis minus 3 und 4 °C. Tiefer sollten die Werte nicht sinken, denn dann kann es für die gesamte Pflanze gefährlich werden, da sie vom Überwinterungsraum noch ein wenig verwöhnt ist.

Foto © Manfred Ruckszio/Shutterstock.com

© Foto: Totokzww/Shutterstock.com

BLÜTENRAUSCH MIT AZALEEN

Auch Zimmerazaleen stehen im Sommer im Topf im Halbschatten (neben den Kamelien) und werden dort mit Wasser und Dünger versorgt. Bis Mitte August. Dann beginnt wie für die Kamelien die Ruhezeit und ab November werden alle Pflanzen eingeräumt. Ganz langsam erscheinen im Winterquartier die Knospen, ehe die Pflanzen rund um die Weihnachtszeit, vor allem aber dann im Januar und Februar, herrlich zu blühen beginnen. In dieser Zeit dürfen die Azaleen für einige Tage ins Wohnhaus bzw. in eine Veranda, wo es nicht zu warm ist und die Pflanzen in ganzer Pracht voll erblühen.

„Einige Azaleen bleiben im Überwinterungshof und stehen dort als blühender Frühjahrsgruß im Hauseingang. Allerdings immer mit der Sorge, dass ein Frost die Pflanzen erwischen könnte. Meine Azaleen sind daher meist 'Wanderpflanzen'. Einmal raus, einmal rein. Aber ihre ungetrübte Blütenpracht ist der Lohn für diese Mühe.“

DEN FRÜHLING VORTREIBEN

Wie? Ganz einfach: Man zieht in Schalen viele Frühlingsblumenzwiebeln, die bei sehr kühlen Temperaturen vorgetrieben werden. Einige kommen beim Aufblühen ins Zimmer, andere aber bleiben draußen stehen. Wenn sich dann der Duft von Narzissen und Hyazinthen ausbreitet, beginnt das neue Gartenjahr.

Tipp für die Gelassenheit

Überwintern im Norden

Mit Überwintern „im Norden" sind nicht nördliche Länder gemeint, sondern Überwinterungsräume, die sich an der Nordseite des Hauses befinden. Eigentlich müsste man richtigerweise sagen: an der sonnenabgewandten Seite, denn auch große immergrüne Bäume können ausreichend Sonnenschutz geben. Warum aber ohne Sonne? Sosehr die Sonne in normalen Gewächshäusern und Wintergärten für Gratiswärme sorgt, macht sie manchmal Probleme, weil es viel zu warm wird und die Pflanzen entweder zu früh austreiben oder von Schädlingen und Krankheiten befallen werden. Besonders gefährlich sind zu sonnige Wintergärten für Kamelien. Steigen die Temperaturen auf über 20 °C, muss sofort gelüftet werden, da andernfalls die Pflanzen absterben oder der Wärmeschub zumindest für die Blüten das Aus bedeuten.

#tippfürdiegelassenheit

© Foto: MaraZe/Shutterstock.com

Gartenirrtümer

Zitrus ist ein Hungerkünstler

Im Winter sind Zitruspflanzen Hungerkünstler. Da sind 5 bis 10 °C genau richtig und sie brauchen kaum Wasser und keinesfalls Dünger. Steht ein Zitrus aber ab Mai im Freien, dann muss kräftig gedüngt werden. Versorgen Sie die Pflanzen im Frühjahr mit einem organischen Rhododendrondünger und düngen Sie nach zwei bis drei Wochen flüssig zu. Je nach Witterung bis zu zwei Mal pro Woche. Nur dann ist das Laub kräftig grün und die Kübelpflanzen bilden viele Blüten und Früchte.

#gartenirrtümer

GARTENREISEN

LA RÉUNION IN FRANKREICH 2003

Die **Insel La Réunion** hat es uns – ich meine hier meine Tochter und mich – angetan. Karoline verbrachte dort ein Auslandssemester und erzählte mir so begeistert von Landschaft, Natur und Pflanzenwelt, dass ich das französische Überseedepartement besuchte. Generell ist es dort sehr europäisch – von der Währung bis zu den Lebensstandards. Doch die Pflanzenwelt ist eine völlig andere. Tropische Urwälder, Orchideen und botanische Gärten, die voll der Pflanzenpracht dieses Eilands sind.

EIN STÜCK EUROPA VOLL TROPISCHER VIELFALT

Die beste Reisezeit ist unser Sommer, dann ist auch die Gefahr von Tropenstürmen nicht so groß. Die meisten Besucher kommen aber im Oktober/November. Auf dieser Insel gibt es so viele unterschiedliche Kleinklimabereiche, dass man innerhalb weniger Kilometer völlig unterschiedliche Verhältnisse vorfindet. Generell ist der Westen der Insel trockener, im Osten treffen die feuchtheißen Passatwinde auf die bis zu 3000 Meter hohen Berge. Daher wurde auch hier die höchste jemals gemessene Tagesregenmenge registriert: 1870 Liter!

La Réunion Eden Garden;
Jardin des Parfums et des Epices
Geöffnet täglich von 09:00 bis 17:00 Uhr
www.jardin-parfums-epices.com

Fotos © Karl Ploberger

Foto © Lis YimYen / Shutterstock.com

Foto: © Mustbeyou/Shutterstock.com

Das Wandelröschen *(Lantana camara)* **ist auch bei Schmetterlingen sehr beliebt.**

GARTENFRAGEN
RUND UM KÜBELPFLANZEN

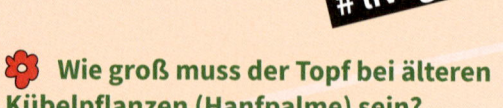

 # livegartentipps

🌸 **Welche Erde soll man für Kübelpflanzen verwenden? Fertigerde enthält so viel Torf, dass sie sich nach dem Winter kaum gießen lässt.**

Ich nehme etwas Kübelpflanzenerde (1/3), dann lehmige Teile von meinem Kompost (1/3) und fülle mit Quarzsand und Tongranulat auf. Damit ist die Erde gut durchlässig. Beim Umtopfen gebe ich auch gleich Hornspäne bzw. Schafwollpellets als Dauerdünger dazu.

🌸 **Wenn ich eine Pflanze nicht immer umtopfen will, wie lockere ich die Erde? Sie ist völlig durchwurzelt und ich bringe keine Dünger mehr in den Wurzelballen.**

In diesem Fall wäre Umtopfen die beste Lösung. Allerdings kann man bei sehr robusten Pflanzen die Erde an mehreren Stellen mit einem Bohrer (Durchmesser bis 20 mm) aufbohren und mit Bodenaktivator und Hornspänen düngen.

🌸 **Wie groß muss der Topf bei älteren Kübelpflanzen (Hanfpalme) sein?**

Generell gibt es hier keine exakten Angaben. Allerdings wachsen bei mir die Palmen seit 20 Jahren in einem Topf mit max. 50 cm Durchmesser. Sonst könnte ich sie nicht mehr ins Überwinterungsquartier bringen. Also lieber kleinere Töpfe wählen.

🌸 **Eine sogenannte „Bitterorange" steht bei mir im Topf und verliert jedes Jahr das gesamte Laub. Blüten hatte sie erst einmal. Früchte keine. Überwintert wird im Vorhaus.**

Ich würde die Pflanze in den Garten setzen. *Poncirus trifoliata* – die Dreiblättrige Orange oder auch Bitterorange genannt – ist frostfest. Die Früchte sind allerdings sehr sauer und bitter und kaum zum Verzehr geeignet. Aufpassen: Die Pflanze hat kräftige Dornen, die bis zu 3 cm lang werden können.

Oleander sind sonnenanbetende Blütenwunder.

🌸 **Ich hab mir eine Chinesische Kamelie gekauft. Aus ihr kann man Tee machen. Wie pflege ich sie?**

Camellia sinensis ist tatsächlich die Teepflanze, sie blüht unscheinbar, und verwendet werden die frischen jungen Blätter. Diese Kamelie kann im Freien gezogen werden, bei starken Frösten aber gut schützen oder die Töpfe in eine Garage stellen. Immer feucht halten!

🌸 **Ich war kürzlich im Überwinterungsraum einer großen Gärtnerei. Da war es eiskalt, aber ein großer Ventilator lief. Mir kam es vor, der kühlte noch mehr! Ist das sinnvoll?**

Ja! Überwinterungsräume sollten immer gut durchlüftet werden, denn dann kommt es zu keinen Pilzerkrankungen. Besonders wichtig ist dies in den ersten Stunden nach dem Gießen, damit Blätter und Erdoberfläche rasch abtrocknen.

🌸 **Hat es Sinn, die Erde in Töpfen mit Mulchmaterial zu bedecken, damit man weniger gießen muss?**

Ganz bestimmt. Vor allem dann, wenn die Töpfe in praller Sonne stehen. Als Mulchschicht kann Kies, Holzfaser oder auch das im Handel erhältliche Kokosfasergewebe aufgelegt werden.

🌸 **Mein Oleander steht im Winter sehr kühl in einer frostfreien Garage, überwintert perfekt, bekommt aber im Mai immer eine ganze Menge gelber Blätter. Warum?**

Die Pflanze verliert über den Winter fast alle feinen Faserwurzeln und kann daher kaum Nährstoffe aufnehmen. Um die neuen Triebe zu ernähren, holt sie aus den ältesten Blättern das „Futter", und deshalb werden die Blätter gelb. Um das Wurzelwachstum anzuregen, kann man den Oleander im zeitigen Frühling in die Wärme stellen, kräftig gießen und düngen.

🌸 **Wenn ich einen Oleander ausschließlich mit mineralischem Flüssigdünger ernähre, versalzt dann die Erde, wenn man nicht umtopft?**

Alle Dünger sind Salze, daher wird es zu einer Anreicherung von Salzen kommen. Das ist für den Oleander, der auch kalkhaltiges Leitungswasser liebt, aber kein Problem. Ist die Erde oberflächlich weiß, mit einem Schlauch die Erde durchspülen, bis aus den Abzugslöchern das Wasser rinnt. Etwa zehn Minuten fortsetzen. Salze sind wasserlöslich und werden ausgeschwemmt.

Kompost – das „Schwarze Gold" des Gärtners.

Fotos © Christoph Böhler

DER KOMPOST REIFT

ERDE ZU ERDE – MEIN WICHTIGSTER PLATZ!

Gärten ändern über die Jahre hinweg ihr Gesicht. Bei meinem Garten war es zu Beginn die große Leere. Keine Bäume, keine Sträucher, nur ein wenig Rasen … und damit nichts für den Kompost. So holte ich mit meiner Scheibtruhe aus der ganzen Umgebung die Grünabfälle und legte meinen ersten Hügelkompost an. Nach und nach wurde der Komposthaufen immer größer. 2004 kamen ein zweiter und schließlich ein dritter hinzu. Alles wird bei uns kompostiert, so produzieren wir Jahr für Jahr gut vier (!) Kubikmeter Humus.

Die einfachste Methode zu kompostieren, ist der Walmkompost. Damit hat auch bei mir vor mehr als 30 Jahren im elterlichen Garten alles begonnen. Damals wurde nichts gehäckselt, sondern alles bunt aufeinandergeschichtet. Eigentlich geschah alles nach Gefühl, denn Kompostieren war damals nicht wirklich populär. Der „Mist aus dem Garten" wurde einfach auf die Deponie geworfen. Heute wissen wir, wie wertvoll die Humusstoffe für unsere Böden sind. Sie sorgen nicht nur für einen lockeren Aufbau, der die Pflanzen mit Luft versorgt, sondern sie speichern auch Nährstoffe und vor allem viel, viel Wasser. „Ton-Humus-Komplex" nennen das die Fachleute: Winzig kleine Teile an Humus vermengen sich mit winzig kleinen Ton-(Lehm-)Teilchen. Zwischen diesen Elementen bleibt ein freier Raum, der sich bei Regen mit Wasser füllt wie ein Schwamm. Auch der Regenwurm leistet einen wesentlichen Beitrag dazu. Sein Kot enthält nicht nur wertvolle Nährstoffe, er ist zudem ein hervorragender Bodenaktivator und Wasserspeicher.

Guter Kompost entsteht durch fleißige Bodenlebewesen, Wärme und Feuchtigkeit.

Foto © Christoph Böhler

Foto © Rick4you/Shutterstock.com

Foto © Liz Weber/Shutterstock.com

Tipp für die Gelassenheit

Der Kompost bekommt viel Platz

In Gärten von heute wird Ökologie großgeschrieben. Hier wird von Menschen, die auf die Umwelt achten, weniger betoniert, naturgemäß bepflanzt, es werden keine Monokulturen angelegt und vor allem wird auch dem Kompost entsprechend Platz gelassen. Wie viel Platz benötigt der Kompost? Der Platz kann nicht groß genug sein, sollten doch mindestens zwei Komposthaufen (-silos) und diverses Arbeitsmaterial untergebracht werden. Eine Faustregel lautet: etwa 5 bis 10 % der Gartenfläche sollte dem Kompost vorbehalten sein.

Während professionelle Anlagen mittlerweile ausschließlich auf wasserfesten, befestigten Flächen errichtet werden dürfen, weil zu viele Nährstoffe in das Grundwasser gelangen könnten, wird der Hauskompost auf dem Mutterboden aufgebaut. Damit ist gesichert, dass die Mikroorganismen sofort zur Stelle sind, wenn das organische Material aufgeschichtet wird.

#tippfürdiegelassenheit

DAS EINMALEINS DES KOMPOSTIERENS

Kompostieren kann man auf die unterschiedlichsten Arten. Ob in kleinen Heißkompostierbehältern oder unter Zugabe von Mikroorganismen, ob in Kompostsilos oder als frei aufgeschichteter Hügel. Will man rasch zu Humus kommen, dann muss man ganz fein häckseln und den Haufen mehrmals wenden (wie das die landwirtschaftlichen Kompostierer tun), oder man lässt der Natur seine Zeit und eine langsame Verrottung zu. Im Wald beispielsweise erfolgt dieses Vererden als sogenannter Flächenkompost. Jahr für Jahr fallen Laub und Äste auf den Boden und nach und nach wird daraus Humus.

Laubkompost.
Foto © Number1411/Shutterstock.com

„Wer ausreichend Platz hat, sollte unbedingt einen extra Komposthaufen für das Laub anlegen, denn dieser Lauberdekompost ist wertvoll als Bestandteil für Aussaaterden, Topferden, aber auch als Ersatz für Torf im Moorbeet. Besonders sauer ist der Lauberdekompost aus Nuss- und Eichenlaub. Allerdings dauert die Verrottung gut drei Jahre.“

MEIN KOMPOST-REZEPT

Kompostiert wird alles, was im Garten anfällt: Laub, Äste (ungehäckselt bis etwa 1 cm), Grünabfälle, Rasenschnitt, Küchenabfälle (die nicht gekocht sind) sowie kaputte Schnittblumen, Blumenstöcke etc. Mit den Küchenabfällen dürfen niemals Lebensmittel wie Nudeln, Fleisch- oder Wurstreste auf dem Kompost entsorgt werden. Die Gefahr, dass Ratten kommen, ist dann sehr groß.
Für die Pflege eines Komposthaufens sind einige Punkte wichtig: Er sollte auf Mutterboden angelegt werden, am besten im Halbschatten hinter einem Holunder oder einer großen Haselnuss. Damit das Material auch im Sommer nicht austrocknet, immer mit einer etwa 10 cm starken Schicht Rasen bedecken. Hat man zu wenig Rasenschnitt, dann am besten ein dickes Kompostvlies verwenden und von Zeit zu Zeit auch bewusst gießen, wenn es zu wenig regnet.

Mein Gartenschatz

HOKKAIDO-KÜRBIS (*Cucurbita maxima*)

Für mich ist der Hokkaido-Kürbis jener Kürbis, der sich am besten für den Hausgarten eignet. Die relativ kleinen Früchte, die besonders gut lagerfähig sind und außerdem extrem gut schmecken, erobern Jahr für Jahr bei uns den Komposthaufen.
Früchte: Orange Schale, mittlere Größe; reif sind die Früchte, wenn die Stiele eintrocknen.
Kultur: Sonnenhungriges Gemüse, das einen extrem nährstoffreichen und immer gut durchfeuchteten Boden benötigt.
Besonderheit: Zeigerpflanze für den Kompost, denn geht es dem Kürbis gut, dann geht's auch dem Komposthaufen gut und es entsteht prächtige Erde.
Verwendung: Hokkaido-Kürbisse nach der Ernte zwei, drei Wochen in der Wohnung bei Zimmertemperatur aufbewahren, ehe man sie im Keller lagert; ideal für Suppen und Eintöpfe, da die Schale mitgekocht werden kann.

#meingartenschatz

Foto © Markus Mainka/Shutterstock.com

43

Foto © Lisa S./Shutterstock.com

Gartenirrtümer

Kompost als Schneckenbrutstätte

Schnecken sind immer dann zur Stelle, wenn es darum geht, verrottendes Material zu verspeisen. Aber in einem gut funktionierenden Komposthaufen sind genauso viele Nützlinge zu finden. Blindschleichen etwa sind große Schnecken(eier)vernichter. Oder es wandern Laufkäfer zu, und auch der Igel macht es sich hier gern bequem. Schließlich lässt sich die Schneckenbekämpfung, so sie tatsächlich notwendig ist, auf dem Kompost gut „konzentrieren".

#gartenirrtümer

Weise Erkenntnis

Es geht auch ganz einfach!

Es wird nicht gehäckselt, es wird nicht umgeschichtet und es wird nichts gesiebt! Ist das möglich? Jawohl, denn seit 40 Jahren kompostiere ich so und habe damit schon im elterlichen Garten begonnen. Häcksler gab es damals nicht und Zeit war genauso knapp wie heute. So einfach geht es: Alles bunt gemischt aufschichten, das grüne und das holzige Material gut mischen; falls sehr viel lockeres Material dabei ist, einige Schaufeln alten Kompost – der ja daneben fertig liegt – einarbeiten und immer wieder gut gießen. Und weil nach gut zwei Jahren nicht alles verrottet ist, kommen die „handlichen" Teile gleich beim Einschaufeln auf den neuen Kompost und das restliche Kleinmaterial stört unter Bäumen und Sträuchern nicht. Auf den Gemüsebeeten wird es einfach abgerecht.

#weiseerkenntnis

SO KOMMT DIE ROTTE IN SCHWUNG

Ist der Kompost im Inneren aschenartig weiß, dann ist er viel zu trocken. Beginnt das Material aber zu stinken, dann wurde zu dicht und mit zu viel feuchtem Material aufgeschichtet.

Als Zuschlagsstoffe kann man Urgesteinsmehl zugeben. Ist sehr viel holziger Abfall auf dem Kompost, unbedingt eine Stickstoffkomponente (Hornspäne, Schafwollpellets etc.) einstreuen. Nur wenn ein ausgewogenes Verhältnis zwischen Kohlenstoff (Holz) und Stickstoff (Grünschnitt) besteht, können die Mikroorganismen Humus daraus machen.

GUT DING BRAUCHT WEILE

Wie lange dauert es nun, bis aus dem Grünabfall schöner, schwarzer, nach Walderde riechender Humus wird?

Etwa 14 bis 18 Monate, also gut eineinhalb Jahre, muss man rechnen. Beginnt man im Frühjahr mit einem Komposthaufen, wird dieser dann ein ganzes Jahr beschickt. Im zweiten Jahr ruht er und nur ein Kürbis darf dort wachsen.

Am Ende dieses zweiten Jahres kann ab Oktober die Erde „geerntet" werden. Verwendet wird sie im ganzen Garten: auf Staudenbeeten, unter den Wildsträuchern, auf den Baumscheiben, dem Beerenobst und natürlich im Gemüsegarten. Wann immer es geht, wird sie am Beginn des Gartenjahrs, also im Frühjahr, verteilt.

Manche Bereiche allerdings werden aus Zeitmangel auch im Herbst mit Humus versorgt. Vor allem dort, wo sich viele Blumenzwiebeln in den Beeten befinden, die früh austreiben und mit dem Kompost verschüttet würden.

GARTENREISEN

FÜRKEN IN
DEUTSCHLAND
2004

Sie liebte nie die große Bühne, suchte das persönliche Gespräch und war am liebsten in ihrem eigenen Garten. **Marie-Luise Kreuter** hat mit ihrem Buch „Der Biogarten" das meistverkaufte deutschsprachige Gartenbuch geschrieben und ihr Garten war wie ein begehbares Lehrbuch: Ein altes Haus sanierte sie ausschließlich mit Naturmaterialien und sie legte einen großen Biogarten mit vielen Blumen, Kräutern und Gemüse an.

DER GARTEN DER BIOPIONIERIN

„Vielfalt ist das Um und Auf", predigte sie immer. Bunte Staudenbeete, üppiger Gemüseanbau und dazu alles, was in einem Naturgarten heute zu finden ist: ein wildes Eck, der große Komposthaufen und viele Wildsträucher. Ihre Botschaft lautete: Zulassen statt ständig eingreifen! Geduld statt schnelle Lösungen suchen! Gelassenheit, wenn manches nicht sofort gelingt. „Setzen wir uns hin und beobachten wir, wie viel Leben in den Ritzen und den modrigen Resten der abgestorbenen Stämme zu finden ist", sagte sie. Unordnung ist an manchen Stellen die viel größere Ordnung. Marie-Luise Kreuter ist 2009 verstorben. Ihr Garten besteht in der einstigen Form nicht mehr und ist nicht öffentlich zugänglich.

Die Würde der Pflanzen ist unantastbar

Fotos © Karl Ploberger

Schattenspendende Kürbispflanzen am nährstoffreichen Kompost – da gewinnen beide!

© Foto: Kali Antye/ Shutterstock.com

GARTENFRAGEN
RUND UM DEN KOMPOST

#livegartentipps

🌸 **Immer, wenn ich Kompost aufbringe, wächst überall die Vogelmiere und manchmal auch Brennnesseln. Was kann ich tun?**

Beide Pflanzen sind die typischen Zeigerpflanzen für einen besonders humusreichen Boden. Den Boden nach dem Ausbringen des Komposts sofort dick mit Rasenschnitt oder Holzfaser mulchen. Dann keimen diese Wildkräuter nicht.

🌸 **Bei mir liegt ein Kompost bereits seit Jahren und wurde nie verwendet. Kann Kompost auch kaputt gehen?**

Nein, der Kompost geht nicht kaputt, allerdings enthält er mit der Zeit weniger Nährstoffe. Aber als Humuslieferant ist ein so gut abgelagerter Kompost perfekt.

🌸 **Kann ich reinen Kompost auch zum Pflanzen verwenden oder muss ich mischen?**

Reine Komposterde ist als Pflanzsubstrat ungeeignet. Sie enthält entweder zu viel Nährstoffe oder ist zu humusreich. Immer mit Grunderde bzw. Packungserde mischen.

🌸 **In meinem Komposthaufen fand ich Hunderte Engerlinge. Muss ich die Erde nun entsorgen?**

Diese Engerlinge sind mit großer Sicherheit die Larven des Rosenkäfers, der an sich kein großes Problem darstellt. In Massen kann er freilich lästig werden, denn die metallisch grün glänzenden Käfer fressen gern bei Blüten die Staubgefäße und in Töpfen die Wurzeln ab. Daher die Larven aussortieren und an Vögel verfüttern. Solche Engerlinge findet man auch gern im Hochbeet.

🌸 **Ich habe neuerdings die Erde für meine Zimmerpflanzen mit Kompost gemischt. Doch seither wimmelt es nur so vor kleinen schwarzen Mücken. Habe ich sie mir damit eingeschleppt?**

**Auf den Kompost kommen nur ungekochte Kücheabfälle.
Niemals Speisereste oder Fleisch.**

© Foto: Lightspring / Shutterstock.com

Trauermücken treten immer dann auf, wenn die Erde kompostreich und zu feucht gehalten wird. Daher: Nur von „unten" gießen, die Oberfläche mit Kies oder Tongranulat abdecken (gut 2 cm hoch) und, falls vorhanden, mit Nematoden gießen. Sie sind ungefährlich und werden oft in Tablettenform gegen Stechmücken in Regentonnen angeboten.

Was halten Sie von den Kompostfässern, die man wie eine Waschtrommel drehen kann und wo nach wenigen Wochen bereits die Erde fertig ist?

Solche Schnellkomposter sind an sich perfekt, man muss nur sehr sorgsam arbeiten: mit Schnellkompostiermittel, klein geschnittenem Material und immer ausreichend Feuchtigkeit.

Muss ich in meinen Komposthaufen Würmer zugeben? Ich finde fast nie welche, wenn ich die Erde entnehme.

Grundsätzlich kommen die Kompostwürmer von selbst; wenn die Erde fertig ist, dann verschwinden sie wieder. Daher sollte auch der neue Komposthaufen nebenan liegen, denn dorthin wandern sie. Wenn Sie aber ganz neu beginnen, sind erste Impfungen mit speziellen Kompostwürmern (nicht jene, die man im Garten findet) eine gute Ausgangsbasis.

Ich habe gehört, dass man Komposterde „dämpfen" soll. Was heißt das und wie mache ich das?

Grundsätzlich bin ich gegen das Dämpfen. Dabei wird die Erde in Metallgefäße mit Deckel gefüllt und im Backrohr erhitzt, bis alle Unkrautsamen und Mikroorganismen abgestorben sind. Temperatur etwa 90 °C für 30 Minuten. Diese sterile Erde soll gut für Topfpflanzen sein. Aber sie ist ohne jegliches Leben, und das ist meiner Meinung nach schlecht. Im Übrigen stinkt dieser Vorgang stark.

Was ist Wurmkompost und wie verwende ich den?

Eigentlich müsste es Wurmhumus heißen, und dieser hat mit herkömmlichem Kompost nichts zu tun. Es handelt sich dabei um den Regenwurmkot, der in speziellen Farmen produziert wird. Er ist extrem nährstoffreich und wirkt vitalisierend auf Erde und Pflanzen.

Wie tief soll ich Kompost einarbeiten und wie viel gebe ich auf die Beete?

Die Faustregel sagt: 6 bis 8 Liter (also etwa ein halber bis ein ganzer Eimer) pro Quadratmeter im Gemüsegarten reichen. Arbeiten Sie den Kompost immer nur oberflächlich ein, dann entfaltet er zusammen mit dem Bodenleben die beste Wirkung. Macht man das jährlich, wird der Boden bis in tiefe Schichten immer humusreicher.

© Foto: theixvtun/Shutterstock.com

Foto © Christoph Böhler

START MIT SÄULENOBST

DIE WELT DER SCHLANKEN BÄUME

An sich ist mein Garten groß genug, aber er ist ein Experimentierfeld für viele Gartensituationen und daher doch immer etwas zu klein. Generell gibt es oft zu wenig Platz in Gärten oder es wird nur auf Balkon und Terrasse gegartelt. Deshalb habe ich 2005 einen groß angelegten Versuch mit Säulenobst gestartet: mit Apfel-, Birn-, Kirsch-, Zwetschken- und Marillenbäumen. Der Erfolg fiel sehr unterschiedlich aus, aber als neues Gartenelement erwies sich das Spalier als perfekter Gartenteiler.

Begonnen hat alles mit den 'Ballerina'. Das waren die ersten Säulenäpfel. Das Motto: „Großer Ertrag

auf kleinstem Raum!" Was bei den ersten Züchtungen vernachlässigt wurde, war der Geschmack. Der kam allerdings danach mit immer neuen Sorten dazu. Weiterhin verbesserte sich im Lauf der Zeit die Gesundheit der Bäume. Die neuen Züchtungen haben kaum noch Krankheiten und die Wuchskraft ist enorm, aber dennoch so kompakt, dass man wirklich von einem Säulenapfelbaum sprechen kann. 'Redcat', 'Goldcat', 'Malini' und viele weitere Sorten sind mittlerweile verfügbar, die allesamt köstliche Früchte liefern. Alle anderen Obstsorten, die als „Säulen"-Obst angeboten werden, sind eigentlich keine kompakt wachsenden Bäume, sondern bloß schwach wachsende Minibäume. Bis auf eine absolute Neuheit, die vor zwei Jahren auf den Markt kam: 'Pirini', die erste wirkliche Säulenbirne. Sie ist genauso wie die Apfelbäume auf das kompakte, schlanke Wachstum getrimmt. Die Fruchtreife dieser Lagerbirne erfolgt bis Weihnachten; übrigens – so der Züchter – entwickelt sie das beste Aroma, wenn sie zusammen mit Äpfeln und Bananen gelagert wird.

50

Auch Birnen werden als Säulenobst angeboten.

Foto © VladKK/Shutterstock.com

„Damit ich Balkongärtner über Säulenobst im Topf informieren konnte, habe ich einige der Bäume entweder im gekauften Topf belassen oder in mittelgroße Töpfe gesetzt und sie auf der Terrasse zu den Kübelpflanzen gestellt. Auch diesen Bäumen, es waren nur Apfelbäume, ging es sehr gut und sie entwickelten Jahr für Jahr viele Früchte."

Tipp für die Gelassenheit

Niemals zu viel vornehmen

Beginnt jemand mit dem Garteln und hat er dafür auch noch ein großes Grundstück, dann passiert es leider viel zu oft, dass er sich viel zu viel vornimmt. Freunde legten beispielsweise eine große Streuobstwiese wie aus dem Bilderbuch an. Das sah wunderbar aus, doch nach einigen Jahren wuchs dem Paar die Arbeit über den Kopf: im Winter tagelang die gut zwei Dutzend Bäume schneiden, dann das Grundstück mit der Sense mähen und schließlich die Ernte verarbeiten. Daher: Weniger ist oft mehr. Lieber bloß einige verschiedene Sorten anpflanzen oder es mit einem Familienbaum versuchen, wo auf einem Baum gleich mehrere Sorten darauf veredelt wurden.

#tippfürdiegelassenheit

ERFAHRUNGEN MIT SÄULENSTEINOBST

Ganz anders ist es allerdings beim Steinobst: Egal ob Kirsche, Zwetschke, Marille oder Nektarine, sie alle müssen viel und stark geschnitten werden, um sie in Form zu halten. Besonders die Pfirsiche und Nektarinen ließen sich nicht gut kultivieren und litten darüber hinaus an der Kräuselkrankheit, die die an sich schwach wachsenden Bäume noch mehr schwächte und schließlich sogar zum Absterben brachte. Ähnliches war bei den Kirschbäumen zu beobachten. Auch hier hielt sich der Erfolg in Grenzen. Gut war die Ernte bei Zwetschken, doch zeigte sich in einem trockenen Jahr, dass generell die Bäume immer stark gewässert werden müssen. Sie sind wie alle Säulenobstbäume auf ganz schwach wachsenden Unterlagen veredelt, die wenig Wurzeln bilden und so den Baum nur bedingt versorgen können.

BEERENGLÜCK, GANZ KOMPAKT

Neben den Obstgehölzen gibt es übrigens mittlerweile auch kompakt wachsende Himbeeren und Brombeeren, die alle auf ihren einjährigen Trieben fruchten und so schon im ersten Jahr auf der Terrasse naschfähige Erträge liefern. Auch die kleinen Kiwis lassen sich kompakt als Säulenobst ziehen, genauso wie Johannisbeeren und Stachelbeeren. Das Ernteglück ist also längst nicht mehr jenen vorbehalten, die einen großen Garten besitzen.

BESTENS VERSORGT UND GUT GESCHNITTEN

Düngen ist wie reichliches Wässern bei Säulenobst wichtig. Im zeitigen Frühjahr bekommen die Pflanzen nicht nur einen organischen Langzeitdünger, sondern auch Kompost und eine dicke Mulchschicht. Säulenobst muss auch geschnitten werden. Die Grundregel sagt, dass der Baum bei etwa einem Meter Höhe abgeschnitten wird. Später werden die Seitentriebe auf 20 cm eingekürzt. Entwickeln sich zu wenige Seitentriebe, dann muss der Leittrieb noch einmal um 30–40 cm eingekürzt werden. Seitentriebe sollten übrigens den Sommer über immer wieder pinziert werden, also die Spitze abgeschnitten werden. So entwickeln sich dicht wachsende und gut fruchtende Bäume. Wird der Baum nach einigen Jahren zu hoch,

Foto © Evgenyi/Shutterstock.com

Mein Gartenschatz

APFELHECKE (*Malus domestica*)

Von den unterschiedlichsten Züchtern gibt es mittlerweile Säulenobstbäume, die alle auf eine Laune der Natur zurückgehen. Ich liebe es, meine Äpfel in Augenhöhe zu ernten!

Früchte: Je nach Sorte in unterschiedlicher Färbung und Geschmack

Kultur: Als Heckenpflanzung bzw. Sichtschutz entlang eines Spaliergerüsts mit ca. 40 bis 50 cm Pflanzabstand, bei sehr schlank wachsenden Sorten etwas enger, bei den breiter wachsenden etwas weiter; empfehlenswert sind auch Dreierpflanzungen, bei denen drei Säulenäpfel (möglichst unterschiedliche Sorten) im Dreieck mit 50 bis 70 cm Abstand gepflanzt werden. Viele Apfelbäume sind nicht selbstfruchtend, daher sollte in der Umgebung von etwa 500 m ein anderer Apfelbaum stehen, oder man setzt mindestens zwei unterschiedliche Säulenobstbäume.

Besonderheit: Neue Sorten sind resistent gegen Schorf und Mehltau.

dann kann er im Sommer auf einen Seitentrieb „abgeleitet", also zurückgeschnitten werden. So bleiben die Bäume kompakt. Schwach wurzelnde Säulenobstbäume müssen an einem Baumpfahl festgebunden werden – auch im hohen Alter, denn die Fruchtmenge und der Wurzelstock sind hier nie im richtigen Verhältnis. Die Bäume können leicht brechen und umstürzen. Ein Gitterkorb um den Wurzelballen dient als Schutz gegen Wühlmäuse.

Weise Erkenntnis

Obstbaumschnitt ist keine Wissenschaft

An sich ist der Schnitt von Bäumen und Gehölzen logisch. Das heißt: Je mehr man schneidet, desto stärker ist das Wachstum. Schneidet man im Winter, wird der Baum stärker wachsen; schneidet man im Sommer, dann wird das Wachstum gebremst. Dort, wo man abschneidet, bildet die Pflanze Seitentriebe, daher wird immer auf einen Seitenast geschnitten und so die Wuchskraft umgeleitet. Niemals mehr als ein Drittel der Äste gleichzeitig ausschneiden. Auch keinen Ast um mehr als ein Drittel zurückschneiden. Und immer danach trachten, dass aufrecht wachsende Äste nach unten gezogen werden, denn dann bilden sie Früchte am waagrechten Trieb. Besonders wichtig ist das bei den als „Wassertriebe" bezeichneten Ästen. Diese sollte man nur zum Teil entfernen (am besten ausreißen, um die schlafenden Augen zu entfernen).

#weiseerkenntnis

Gartenirrtümer

Kirschen als Säulenobstbaum

Die Abbildungen in den bunten Katalogen sind verlockend: So viele Kirschen hängen da an dem Säulenobstbaum, dass kaum noch Laub zu sehen ist. Doch so sieht es dann in der Wirklichkeit aus: Da und dort eine Blüte, und die wenigen Kirschen fallen knapp vor der Ernte ab. Echte Säulenkirschbäume gibt es nicht. Sie alle werden ganz normale kleine Bäume, wenn man nicht permanent mit der Schere zugegen ist. Gelingt allerdings der kompakte Schnitt, dann kann aus dem Gartenirrtum ein fantastisches Bäumchen werden.

#gartenirrümer

Foto © Sandra Mayr

Fotos © Karl Ploberger

GARTENREISEN

BUCHS IN DER
SCHWEIZ
2005

Markus Kobelt ist einer der umtriebigsten Obst- und Beerenzüchter in Europa, kennt Gott und die Welt und lebt für seine Bäume. Es ist ein Erlebnis, mit dem Profi durch die Anlagen zu wandern und die Äpfel zu verkosten, die in den kommenden Jahren in den Handel kommen werden.

IN DER EXPERIMENTIERSTUBE EINES ZÜCHTERS

Die Zucht ist ein langwieriges Unterfangen. Durch gezieltes Kreuzen einiger Sorten entstehen neue Sorten, die Markus Kobelt in der Nähe des Bodensees in Buchs in der Baumschule Lubera auspflanzt und testet. Die Züchtungen zeichnen sich besonders durch Wuchsfreude, schmackhafte Früchte und Krankheitsresistenz aus. In den letzten 20 Jahren wurden über 80 neue Sorten auf den Markt gebracht. Darunter die erfolgreichste rotfleischige Apfelsorte 'Red Love' und die weithin bekannte Brombeere 'Navaho'. Genau dahin geht auch der Trend: rasche Ernteerfolge auch für diejenigen, die keinen Garten besitzen und dennoch das eine oder andere Nascherlebnis haben wollen. Markus Kobelt besitzt keinen eigentlichen Schaugarten. Die Baumschule Lubera verfügt aber über eine umfangreiche Website mit vielen Tipps. www.lubera.com

Foto © thekovtun/Shutterstock.com

Obstbaum-Stämme werden zum Schutz
vor Frostschäden weiß angestrichen.

GARTENFRAGEN
ZU OBSTBÄUMEN

Ich höre immer, dass die Veredelungsstelle bei Rosen unter die Erde kommt. Wie ist das bei den Obstbäumen?

Bei Obstbäumen bleibt die Veredelung über der Erde, ansonsten bildet der Baum einen zweiten Wurzelkranz und geht dann daran sogar zugrunde, weil die Wasserversorgung durcheinanderkommt. Bei Rosen kommt sie deswegen unter die Erde, weil nach einem starken Zurückfrieren die Pflanze wieder von unten mit der Edelsorte austreibt.

Kann man eigentlich auf jeden Baum jede Sorte veredeln? Zum Beispiel Kirsche auf Apfel und so?

Nein, das geht nicht. Es muss eine Pflanze der gleichen Obstart sein: Steinobst, Kernobst oder auch Beerenobst. Generell sollte man beim Veredeln von verschiedenen Sorten auf die Wuchskraft achten. Manche Sorten wachsen so stark, dass andere Teile des Baums unterversorgt sind.

Wie oft muss man einen Obstbaum (sehr groß und sehr alt) düngen? Ich finde, nur das Gras wächst dadurch stärker.

Sie haben das Problem erkannt. Gras zieht einen Großteil des Düngers ab, daher sollte man entweder eine Baumscheibe (ohne Grasbewuchs) anlegen oder den Dünger mit sogenannten Düngerlanzen in die Erde einarbeiten. Das geht leicht: Pflöcke 40 bis 50 cm tief einschlagen, herausziehen, organischen Dünger in die entstandene Öffnung einfüllen und diese mit Erde ver-schließen. Damit kommen die Nährstoffe direkt zu den Wurzeln.

Warum schneidet man Obstbäume eigentlich? In der Natur macht das auch niemand.

An sich können Sie Obstbäume frei wachsen lassen, Sie werden allerdings sehr geringen Ertrag und meist auch sehr rasch kranke Bäume haben. Die gezüchteten Fruchtsorten sind auf Schnitt ausgelegt, damit die Äste nicht zu dicht stehen und Licht und Luft ins Bauminnere kommt.

Spalierbäume fühlen sich an warmen Mauern wohl.

Foto © 1000 Words/Shutterstock.com

🌸 Gibt es eine Traubensorte, die man auch im Topf ziehen kann?

Viele neue resistente Sorten lassen sich gut auf Balkon und Terrasse kultivieren. Eine der robustesten Sorten ist die Sorte 'Bianca' (weiße Trauben) oder die Sorte 'Regen' (rote Trauben). Wichtig ist hier der regelmäßige Schnitt im zeitigen Frühjahr, denn nur auf den Trieben des Vorjahrs bilden sich Nebentriebe, die dann Trauben tragen. Im Sommer auf drei Blätter über der Frucht die Triebe ausbrechen.

🌸 Wozu streicht man Stämme mit weißer Farbe an?

In erster Linie geht es beim Baumanstrich um den Schutz der Rinde und die Abwehr von Schädlingen. Gefährlich ist die Erwärmung der Rinde tagsüber im zeitigen Frühjahr mit einem Frost in der Nacht. Das führt zu Schäden, die weiße Farbe kann das verhindern. Außerdem werden Schädlinge, die sich in den Rindenritzen verstecken, durch den Anstrich vernichtet.

🌸 Wie kann ich Pilzkrankheiten bei Obstbäumen verhindern? Fast jedes Jahr haben unsere Apfelbäume Mehltau!

Grundsätzlich hängt es vom richtigen Düngen ab. Vorbeugend kann man aber noch mit Schachtelhalmextrakt und Effektiven Mikroorganismen sprühen. Das stärkt die Blattoberfläche.

🌸 Gibt es ein wirksames Mittel gegen Blattläuse? Sie sind bei uns auf allen Pflanzen!

Generell tritt das Problem in großem Umfang in neuen Gärten (mit wenigen Nützlingen) und im späteren Frühjahr auf. Abwaschen, Sprühen mit Schmierseifenwasser und Aufhängen von Ohrwurmhäuschen helfen meist in ausreichender Weise.

🌸 Was halten Sie von „alten" Obstsorten? Sind die besser als die Neuzüchtungen?

Grundsätzlich gilt, wie immer im Leben: Es gibt keine generelle Einordnung. Es gibt fantastische alte Sorten und geschmacklich katastrophale neue Sorten. Aber es gibt auch sehr kranke alte Sorten und hervorragend wuchsfreudige und schmackhafte neue Sorten. Am besten individuell entscheiden.

🌸 Wie sieht es mit Feigenbäumen aus? Sind sie bei uns frostfest?

Ja, die neuen Sorten sind durchweg frostfest und vor allem auch alle selbstfruchtend. Damit kann man auch bei uns hervorragende Früchte ernten. Wichtig ist, dass man sie an geschützten Stellen pflanzt und bei der Pflanzung 10 cm tiefer setzt, als sie zuvor im Topf gestanden haben. So ist die Chance sehr groß, dass die Pflanze nach einem Spätfrost wieder von unten austreibt.

GEHÖLZE ALS KULISSE

KLEINE GESCHENKE MIT GROSSER WIRKUNG

Ich finde noch immer, dass für einen Gartenliebhaber ein „wachsendes" Geschenk am schönsten ist. An viele Gartenreisen erinnere ich mich durch Pflanzen, die ich mitgebracht habe. Manchmal gibt es aber auch von Besuchern Geschenke – eines wurde bei mir zum gewaltigen Monument …

Das Geschenk bekam ich im Jahr 2006 und es war ein kleines Pflänzchen. „Ist bei mir im Garten aufgegangen", lautete der Kommentar, „und wird einmal ein Blauglockenbaum."
Der Blauglockenbaum ist allerdings ein gewaltig schnell wachsender Baum, den ich damals nur

Sämlinge des Blauglockenbaums.
Foto © Roxana Ionel/Shutterstock.com

Ast eines Blauglockenbaums in voller Blüte.
Foto © JONG 16899/Shutterstock.com

Der Judasbaum bildet seine unzähligen Blüten direkt am Stamm.
Foto © Iakov Filimonov/Shutterstock.com

von einigen Parks kannte. Er soll, so heißt es immer, einer der Lieblingsbäume von Kaiser Franz Josef gewesen sein. Deshalb findet man ihn fast überall in unserem Land. Vor allem im Frühling ist er eine Pracht: Ohne ein einziges grünes Blatt erscheinen die blauen Blütentrauben. Fast tropisch wirkt dann dieses Gehölz. Ich habe meinen Blauglockenbaum zu meinen Bonsais gepflanzt, allerdings direkt in den Boden neben die Töpfe und Schalen meiner Sammlung. Dort sollte er irgendwann einmal zum großen Schattenbaum werden. Schon im ersten Jahr wuchs er gut vier Meter. Das war erst der Beginn. Mein Blauglockenbaum entwickelte sich enorm; wir hatten allerdings über Jahre hinweg immer das Pech, dass knapp vor der Blüte ein Frost die Knospen vernichtete.

Genau nach zehn Jahren stand er jedoch in seiner vollen Pracht da: kahle Äste, aber geschmückt mit den blitzblauen Blüten.

„Bäume sind die Struktur in einem Garten. Sie dürfen keinesfalls fehlen, und gerade in Zeiten der immer größer werdenden Hitze sind sie die wahren Klimageräte, bieten Schatten und senken die Umgebungstemperatur deutlich."

Tipp für die Gelassenheit

Gehölze, die man nicht gießen muss

Jedes Jahr immer mehr Hitze! Damit wird das Wachstum für die Pflanzen extrem schwierig. Aber es gibt einige hitzefeste Gehölze, zum Beispiel den **Judasbaum** (*Cercis siliquastrum*). Der Baum mit seinen rosaroten oder weißen Blüten direkt am Stamm liebt durchlässige Böden. Vor einigen Jahren noch unmöglich, so ist heute der **Feigenbaum** (*Ficus carica*) ein beliebtes Obstgehölz geworden. Auch die Brustbeere oder **Chinesische Dattel** (*Ziziphus jujuba*) hat sich im Weinbaugebiet längst etabliert und bringt kleine ovale und essbare Früchte hervor. Oder die **Flaumeiche** (*Quercus pubescens*): Ob in der Steppe Kleinasiens, auf den trockenen griechischen Inseln bis hin zu spanischen Trockengebieten oder hierzulande – dieser anspruchslose Baum gehört bereits zur dritthäufigsten Eichenart. Als einer der dürreresistentesten Bäume gilt die **Libanon-Zeder** (*Cedrus libani*). Die immergrüne Konifere ist aber nur für große Gärten und Parks geeignet.

#tippfürdiegelassenheit

RIESENBLÄTTER IN DER STAUDENRABATTE

Blauglockenbäume (*Paulownia tomentosa*) sind ursprünglich aus China und gelten als extrem wuchskräftig. Junge Bäume können Blätter bis zu 90 cm Länge bilden. Deshalb werden die Gehölze gern auch als Strukturpflanzen in englischen Staudenbeeten eingesetzt. Die Riesenblätter sollen hier im Hintergrund wirken. Dazu müssen sie jedes Jahr „auf den Stock" gesetzt, also komplett zurückgeschnitten werden. Von den neuen Austrieben lässt man nur einen einzigen stehen, der dann eine gewaltige Kulisse bildet.

„Bei der Auswahl der Gehölze gehören mehrere Faktoren abgewogen. Wie groß wird der Baum oder Strauch? Welchen dekorativen Aspekt liefert er? Welche positiven Auswirkungen hat der Baum auf die ökologische Vielfalt im Garten?"

Foto © Wiert Nieuman / Shutterstock.com

Neben zierlichen Stauden ziehen die großen Blätter des Blauglockenbaums die Blicke auf sich.

Die goldgelben Blätter von *Philadelphus coronarius* 'Aureus' sind ein besonderer Blickfang. Foto © Chiffa/Shutterstock.com

BESONDERE GEHÖLZE

In einem Naturgarten kann sich jeder neben der Wildstrauchhecke auch einige „Exoten" erlauben, wie zum Beispiel die große Palette an **Blumenhartriegel** (*Cornus cousa*), die zwar wenig Interessantes für Bienen bieten – im Gegensatz zur **Kornelkirsche** (*Cornus mas*) – aber wahre Meister im Blütenrausch sind. Favorit ist die Sorte 'Venus', die mit den wahrscheinlich größten (Schein-)Blüten immer ein „Wow"-Erlebnis für Besucher ist. Bei diesem Gehölz ist es allerdings sehr wichtig, dass man es in jungen Jahren ab und zu schneidet, weil es sonst zu sparrig wächst.

Wunderbar duftet der sogenannte Falsche Jasmin oder Pfeifenstrauch, konkret die Sorte *Philadelphus coronarius* 'Aureus'. Mit seinen im Frühjahr leuchtend gelben Blättern und den weißen Blüten zählt

Mein Gartenschatz

LEBKUCHENBAUM (*Cercidiphyllum japonicum*)

Er gehört zu meinen ersten Neuentdeckungen, die ich auf einer Gartenreise in England gemacht habe. Der Lebkuchenbaum stand bei einem Herrenhaus und leuchtete strahlend gelb. Doch wirklich beeindruckend war der Duft.
Blätter: Stark duftend; der Duft ist immer nur dann vorhanden, wenn das Laub abfällt und die Luftfeuchtigkeit relativ hoch ist.
Kultur: Absolut anspruchslos; nur extreme Staunässe verträgt er nicht, Trockenheit wird gut vertragen.
Verwendung: Als kleiner Hausbaum ideal; er wächst meist mit 3 bis 4 Stämmen und wird nur etwa 8 m hoch

#meingartenschatz

Foto © Konrad Weiss/Shutterstock.com

Der Lebkuchenbaum begeistert mit duftenden Blättern.

Haselnuss
(*Corylus avellana*).

Weise Erkenntnis

Wenn die Pflanze zum Gärtner wird

Im Frühjahr gibt es Hunderte Sämlinge vom Ahorn, dazwischen immer neue kleine Sämlinge des Efeus und dann auch noch Holunder, Kirschen, Rosen und Marillen-Nachkömmlinge. Sämlinge gehören in einem alten Garten zu alltäglichen Begleitern und werden manchmal auch zu Gestaltern, denn so manche Pflanze wird übersehen und kommt erst ins Blickfeld, wenn der Baum oder Strauch schon ziemlich groß geworden ist. In meiner Wildsträucherhecke ist das eine willkommene Abwechslung zu den gepflanzten Gehölzen. Vor allem dann, wenn manches Gepflanzte gar nicht gern wachsen will, die Selbstsaaten aber regelrecht wuchern.

Zunutze macht man sich die Selbstaussaat von Gehölzen in der Benjeshecke. Dort wird Schnittgut mauerartig aufgeschichtet und beginnt nach und nach zu leben, weil Vögel mit ihrem Kot viele Samen von Wildsträuchern hinterlassen. Es entsteht eine grüne Abgrenzung.

#weiseerkenntnis

Gartenirrtümer

#gartenirrrümer

… es gibt nur große Bäume!

Wer das als Ausrede verwendet, um keine Bäume im Garten zu setzen, der irrt gewaltig und es geht ihm für die Gestaltung etwas Wesentliches verloren. Wie wäre es zum Beispiel mit dem nur 6 bis 8 m hohen **Zimtahorn** (*Acer griseum*), der schon einen wunderschönen Wuchs hat und dann mit der einzigartigen abrollenden Rinde aussieht, als würden sich Zimtstangen bilden. Ein weiterer kleiner, extrem schlanker Baum ist die **Felsenbirne** (*Amelanchier alnifolia* 'Obelisk'). Blüten, Früchte und eine herrliche Herbstfärbung gibt es trotzdem. Was die Herbstfärbung anbelangt, ist auch der höchstens 8 m hohe **Amberbaum** (*Liquidambar styraciflua* 'Slender Silhouette') empfehlenswert.

er mit seinem Bruder, dem *Philadelphus* x *lemoinei* 'Silberregen', zu den Stars. Letzterer entwickelt kleine weiße Blüten, die nach Walderdbeeren duften. Auch der **Sieben-Söhne-des-Himmels-Strauch** (*Heptacodium miconoides*) blüht mit stark duftenden Blüten, aber erst im September/Oktober, und bildet dann dekorative Samenstände. Wenn er nicht geschnitten wird, wächst er bis zu 3 bis 4 m hoch, kann aber durch konsequenten winterlichen Schnitt klein gehalten werden. Genauso außergewöhnlich ist der **Schneeglöckchenstrauch** (*Halesia carolina*). Winzige, schneeglöckchengleiche Blüten hängen an den Ästen und sorgen einige Tage lang für einen blühenden Blickpunkt. Das ist auch genau die Funktion von Bäumen, Sträuchern oder Stauden. Von Zeit zu Zeit ziehen sie die Blicke auf sich, um dann wieder als mehr oder weniger mächtige Kulisse dem Garten die dritte Dimension zu geben.

BEWACHSENE HASELNUSS

Freilich müssen es nicht immer nur „außergewöhnliche" Sträucher sein. So kann eine ganz normale Haselnuss in der Mitte des Gartens durch regelmäßigen Schnitt zum Mittelpunkt werden. Bei den 4 m langen Ästen wird alle zwei Jahre der Neuaustrieb abgeschnitten, sodass sich die typischen „Knöpfe" bilden. An den Ästen selbst können Efeu und Rosen hochwachsen und eine ganz normale Haselnuss zur Attraktion machen. Auch die Korkenzieherhasel wird vor allem im Winter mit ihren eigenwillig geformten Ästen zu einer interessanten Kulisse.

GARTENREISEN

CISTERNA DI LATINA IN ITALIEN 2006

Ninfa ist der „romantischste Garten der Welt", wie ihn die New York Times bezeichnete. Er entstand dort, wo einst Päpste und Adlige residierten. Historiker bezeichneten die Stadt Ninfa als das Pompeji des Mittelalters. Der adeligen Familie Caetani gelang es, zwischen den Ruinen einen einzigartigen Park anzulegen. Die Stadt, südlich von Rom, fiel nämlich im 14. Jahrhundert einem Feuer zum Opfer und wurde erst im 20. Jahrhundert in einen romantischen Landschaftsgarten verwandelt.

DER ROMANTISCHSTE GARTEN DER WELT

Glucksende Bäche, blühende Beete, und das alles begleitet von mittelalterlichen Ruinen. Hier stehen riesige blühende Magnolien und Zierkirschen neben den Ruinen einer Kathedrale, oder ein üppiges Staudenbeet erhebt sich hinter Steinbergen von ehemaligen Palästen. Der vollkommen biologisch geführte Garten wird heute von einer Stiftung erhalten und steht unter dem Schutz des WWF.

Giardini di Ninfa
Via Ninfina, 68
04012 Cisterna di Latina LT, Italien
Der Garten ist nur an einigen wenigen Tagen für das Publikum geöffnet.
www.giardinodininfa.eu

Fotos © Karl Ploberger

Foto © Nikita Urevich Gordienko/Shutterstock.com

Bienen besuchen die zierlichen Fliederblüten nur selten.

GARTENFRAGEN RUND UM BÄUME UND STRÄUCHER

livegartentipps

🌸 **Kann ich Bäume tatsächlich nur im Winter schneiden? Ich finde das äußerst unpraktisch, und es ist in dieser Zeit meist auch unwirtlich!**

Ja, der Baumschnitt kann unangenehm sein, aber: Es darf keinen Frost geben und es sollte eigentlich trocken sein. In der Ruhezeit lässt sich die Struktur des Baums zudem besser erkennen. Grundsätzlich gilt aber: Frühlingsblühende Gehölze erst nach der Blüte schneiden.

🌸 **Was bedeutet „ableitender" Schnitt? Das klingt kompliziert!**

Ableitend schneiden bedeutet einfach, dass ein Ast dort zurückgeschnitten wird, wo sich knapp nach der Schnittstelle ein Trieb befindet, der dann weiterwachsen kann. „Amputationen", wie sie oft erfolgen, sind leider unschön und haben einen starken Besenaustrieb zur Folge.

🌸 **Kann man einen alten Forsythienstrauch, der jahrelang nicht geschnitten wurde, noch retten oder soll ich ihn austauschen?**

Alle Blühsträucher lassen sich „wiederbeleben". Die alten Triebe bodeneben herausschneiden und die jüngeren Triebe einkürzen. Danach den Strauch mit Kompost und Dünger versorgen. Er wird kräftig austreiben und nach ein, zwei Jahren wie neu aussehen.

🌸 **Kann ich eine gut 15 Jahre alte, herrlich blühende Ramblerrose, die einen Nussbaum erobert hat, umsetzen? Der Baum muss leider umgeschnitten werden.**

Generell gilt, dass alle Gehölze, die länger als etwa fünf Jah-re eingewachsen sind, besser nicht umgepflanzt wer-den sollten. Wenn doch, dann so: Rosen im Spätherbst mit möglichst vielen Wurzeln ausgraben und auf max. 50 cm (!) zurückschneiden. Gut anhäufeln und fest angießen.

Flieder ist ein Duftwunder im Frühlingsgarten.

🌸 **Ein sehr alter Flieder will einfach nicht mehr blühen. Er war früher prächtig mit seinen gefüllten lila Blüten, jetzt tauchen nur einige wenige weiße auf. Färbt sich der Flieder im Alter?**

Nein, da ist offenbar die Veredelungsunterlage „lebendig" geworden. Schneiden Sie alles alte Holz heraus und versorgen sie den Strauch mit Kompost und Dünger. In zwei Jahren blüht er wieder.

🌸 **Jedes Jahr wird der Schneeball zuerst von Läusen befallen und dann von einem Tier, das die Blätter bis zu einem Gerippe abfrisst. Was kann ich tun?**

Das Wichtigste beim Schneeball ist der richtige Standort. Ist es zu trocken, dann schlagen die Schädlinge zu. Gegen die Läuse Ohrwurmhäuschen (Tontopf mit Holzwolle) in die Äste hängen. Larven des Schneeball-Blattkäfers im Mai mit einem Biospritzmittel bekämpfen.

🌸 **Eine Frage, die immer wieder diskutiert wird: Schadet Efeu, der am Stamm hochwächst, dem Baum?**

Nein, keinesfalls! Diese Befürchtung kommt aus der Forstwirtschaft, weil dort der Efeu das Schlägern und Aufarbeiten erschwert. Efeu ist im Gegenteil ein Schutz für den Stamm, Unterschlupf für Nützlinge und Nistplatz für Vögel. Also unbedingt belassen, wenn der Baum insgesamt gesund ist.

🌸 **Warum ist der sehr starke Rückschnitt von Bäumen gefährlich? Ich habe das einmal gelesen, weiß aber nicht mehr warum.**

Der extrem starke Rückschnitt (verstümmeln) hat große Auswirkungen auf den Wurzelballen, denn wenn die Äste deutlich reduziert werden, sterben auch die Wurzeln im gleichen Ausmaß ab. Treibt der Baum dann wieder aus, kann er windanfällig werden. Bäume immer nur Schritt für Schritt zurückschneiden.

🌸 **Sind Kugelbäume tatsächlich so praktisch, wie es immer wieder heißt? Mir kommt vor, man muss sie auch schneiden – oder?**

Ganz genau! Kugelakazien, Kugelahorn oder Kugeltrompetenbäume müssen immer geschnitten werden, denn sonst drohen sie nach einigen Jahren auseinanderzubrechen. Besonders in schneereichen Gebieten kann die Schneelast solche ungeschnittenen Bäume arg in Mitleidenschaft ziehen.

🌸 **Meine Thujenhecke ist nach 30 Jahren gut 150 cm breit und gehört dringend verschmälert. Geht das? Oder was sollen wir tun?**

Thujen treiben aus dem alten Holz nur langsam aus, die Hecke wird nach einem Rückschnitt jahrelang ziemlich trostlos aussehen. Wahrscheinlich ist der Ersatz durch Hainbuche oder Eibe die beste Lösung, allerdings mit großem Aufwand und Kosten verbunden.

BEEREN-TRÄUME WERDEN WAHR

OB HIMBEEREN, BROMBEEREN, ERDBEEREN ...

... oder die Heidelbeeren – sie alle stehen bei uns ganz oben auf der Beliebtheitsskala. Besonders gern mag meine Familie Heidelbeeren. Mit ihnen hatten wir zu Beginn wenig Glück, doch die Idee, die Pflanzen in ein kleines Hochbeet zu setzen, brachte 2007 den Erfolg, der seither ungebrochen anhält.

Aber beginnen wird mit den Himbeeren. Sie sind auch erst nach und nach zu dem geworden, was sie nun sind: eine ganze Reihe mit Pflanzen, die ein Jahr mehr und ein Jahr weniger saftige Beeren liefern. Ich bevorzuge die Herbsthimbeere, weil in unseren Böden offenbar die Erreger des Rutensterbens jedes Jahr die prächtig gewachsenen Triebe genau dann vernichten, wenn sich die Blüten bilden. Bei den Herbsthimbeeren aber habe ich auch dazugelernt. Früher empfahl ich immer, die Ruten im Herbst bodeneben abzuschneiden. Man lernt im Lauf der Jahre dazu! Heute weiß ich: Ruten stehen lassen und erst im Frühjahr auf 50 cm einkürzen, dann gibt es Sommer- und Herbsthimbeeren.

Himbeeren.
Foto © Draw05/Shutterstock.com

Bei den Brombeeren gab es die letzten Jahre gigantische Ernten, bis es eine Wühlmaus vorgezogen hat, sich auf Beerenkost zu verlegen und alle drei Pflanzen zu vernichten. Nun beginne ich wieder von vorn, mit neuen Sorten, die angeblich noch köstlicher sind und durch einen großen Gitterkorb im Wurzelbereich geschützt sind. Auch bei den Ribiseln/Johannisbeeren gab es ein Auf und Ab. Manche Jahre wussten wir nicht, wohin mit den Beeren, und überließen den Amseln das Revier. Andere Jahre lieferten dagegen gerade so viel, dass es nur für einige Kuchen mit den eingefrorenen Früchten reichte. Was dazu geführt hat, habe ich herausgefunden. Nach und nach ist nämlich der Boden unter den Beerensträuchern stark verunkrautet, oft mit Giersch, und es wird dann mehrmals kräftig durchgejätet. Das mögen die Sträucher gar nicht und gedeihen dann nicht gut. Hier gibt es eine andere Methode, damit das Unkraut erst gar nicht keimt: eine Schicht Kompost aufbringen, einen Karton darüberlegen und mit Mulch abdecken. Wichtig bei den Ribiseln ist außerdem das ständige Verjüngen. Alte Äste bodeneben herausschneiden und die Pflanzen immer gut mit Kompost versorgen, dann bleiben sie vital.

Brombeeren.
Foto © Vlad Siaber/Shutterstock.com

Die Johannisbeeren, in Österreich und Südtirol die Ribisel, in der Schweiz Meertrübeli, Trübeli oder Ribiseli, sind die einzige Pflanzengattung in der Familie der Stachelbeergewächse.
Foto © Tomasz Pawlus/Shutterstock.com

Tipp für die Gelassenheit

#tippfürdiegelassenheit

Den Boden perfekt vorbereiten

Die meisten Beeren kommen ja eigentlich aus dem Wald oder wachsen am Waldrand. Dementsprechend sind die Vorlieben: saures, gut durchlässiges und humoses Substrat. Das gilt prinzipiell für alle Beeren, wobei Ribiseln/Johannisbeeren, Brombeeren und Himbeeren nicht kalkempfindlich sind. Ganz und gar anders sind die Wünsche von zwei Beeren: Weintrauben mit ihren bis zu 20 m tiefen Wurzeln lieben einen mineralischen Boden, der zwar etwas Humus enthält, im Wesentlichen aber kiesig, sandig und tief reichend ist. Die Heidelbeere benötigt dagegen den humosen, aber möglichst kalkfreien Boden, Lauberdekompost (aus dreijährigem Nusslaub) oder Rhododendronerde (auch als torffreie Packungserde erhältlich).

SÜSSE VERFÜHRUNG

Erdbeeren entwickelten sich gerade in den letzten Jahren zu einer besonders beliebten Frucht, weil viele neue Sorten für große Vielfalt sorgen. Walderdbeeren können in einen hohen Holzturm gepflanzt werden. Man benötigt allerdings 60 Pflanzen auf weniger als einem Quadratmeter, dann jedoch ist die Ernte zufriedenstellend, selbst wenn die sonnenabgewandten Seiten wenig Ertrag bringen. Walderdbeeren wollen kein Schattendasein führen!
Bei den großfrüchtigen Ananas-Erdbeeren gibt es einen (alten) Newcomer: die 'Neue Mieze Schindler'. Diese selbstfruchtende Erdbeere sollte wie alle Erdbeeren im Juli/August mit Kompost versorgt und gut gedüngt werden. Zu dieser Zeit beginnt das kräftige Wurzelwachstum, später bilden sich schon die Blütenknospen fürs kommende Jahr. Weitere Favoriten unter den einmal tragenden Erdbeeren sind die beiden Schweizer Sorten 'Thuchampion' und 'Thulana' sowie die immertragende 'Mara des Bois'. Auch interessant für kleinere Gärten sind Hänge- und Klettererdbeeren. Über ein ausgiebiges Naschen geht es bei einem einzelnen Topf aber nicht hinaus.

Foto © S Aovorga/Shutterstock.com

Erdbeeren im platzsparenden Holzturm.
Foto © aivirga/Shutterstock.com

Auch am Rand des Hochbeets machen sich Erdbeeren gut.
Foto © Malgorzata Surawska /Shutterstock.com

Heidelbeeren.
Foto © Tomasz Pawlus/Shutterstock.com

WEINTRAUBEN IM GARTEN

Für viele ist eine Beere – allerdings in flüssiger Form – nicht wegzudenken: die Weintraube. Die Wuchskraft und die tatsächliche Resistenz gegen Krankheiten sind sehr unterschiedlich. Nach wie vor stehen die Sorten 'Bianca' mit weißen Trauben und 'Regent' mit blauen Trauben im Ranking an oberster Stelle. Aber auch die sogenannten Uhudler Trauben sind robust und mit ihrem Erdbeergeschmack eine Bereicherung. Wichtig ist die vollsonnige Lage, etwa an einem Spalier, und ein frei stehender Platz.

Mein Gartenschatz

HEIDELBEERE (*Vaccinium corymbosum*)

Wer früher an Blaubeeren oder, wie wir Österreicher sagen, Schwarzbeeren dachte, der hatte die kleinen Sträucher im Wald im Visier, mit ihren zungenfärbenden Früchten. Die Kulturheidelbeeren gibt es noch nicht so lange in unseren Gärten.
Früchte: Kultursorten haben sehr lange haltbare Früchte mit grünem Fruchtfleisch.
Kultur: Kalkfreie Böden, voller Sonnenschein und nicht zu wenig Dünger; die Sorte 'Bluecrop' gehört zu den ertragreichsten; zumindest zwei Pflanzen in unmittelbarer Nähe setzen, damit eine zufriedenstellende Befruchtung erfolgt; gedüngt wird mit organischem Rhododendrondünger im zeitigen Frühjahr und gleich nach der Ernte.

#meingartenschatz

BLAUES WUNDER

Neben dem sauren Erdreich spielt für das gute Gedeihen von Heidelbeeren die Bewässerung eine wichtige Rolle. Wie alle Pflanzen, die im Hochbeet (siehe „Weise Erkenntnis") gezogen werden, kommt es bei trockenem heißem Wetter rasch zu einer Unterversorgung der Pflanzen. Beginnt gerade der Fruchtansatz, kann es entweder zum Abfallen oder Verkümmern der Früchte kommen. Anstelle der saftigen großen Beeren findet man dann rosinenartige Früchte an den Sträuchern. Bei Hitze sollte regelmäßig alle vier bis fünf Tage intensiv gewässert werden. So kann man von einigen Kilogramm pro Staude ausgehen – Gießen ist bei Heidelbeeren also durchaus lohnenswert.

Weise Erkenntnis

Minihochbeet als Wohlfühloase

Auch Pflanzen müssen sich wohlfühlen. Passt der Boden, passt die Ernte, könnte man sagen. Besonders natürlich dann, wenn die Pflanze einige Ansprüche stellt – wie die Vorliebe für humose, kalkfreie Substrate. Für Heidelbeeren eignet sich ein 50 cm hohes Beet mit einer Holzumrahmung. Gefüllt mit Gehölzschnitt, Laub, Lauberde und Rhododendronerde ist es die ideale Voraussetzung für kräftiges Wachstum.

#weiseerkenntnis

Gartenirrtümer

Heidelbeeren sind Hungerkünstler

Das kann, muss aber nicht stimmen. Sprechen wir von der Waldheidelbeere, dann ist das kein Irrtum. Diese mag tatsächlich karge, saure Böden. Die Kulturheidelbeere hingegen ist ein „Vielfraß". Sie wächst relativ stark, und vor allem hat sie besonders viele Früchte an einer einzigen Pflanze, die mit Nährstoffen versorgt werden müssen. Als bester Nährstofflieferant hat sich ein organischer Rhododendrondünger bewährt, der mit Schwefel angereichert ist. Der organische Schwefel wird zusammen mit Wasser zur Schwefelsäure und neutralisiert damit den Kalk.

#gartenirrümer

Fotos © Karl Ploberger

GARTENREISEN

Der schwedischer Gärtner **Peter Korn** hat ein revolutionäres System entwickelt, bei dem die Pflanzen in Sand gesetzt werden – ohne Dünger und ohne Gießen. Korn ist der Star unter den schwedischen Staudengärtnern.

SCHWEDISCHE KIESGÄRTEN

Sein Schaugarten, ein paar Kilometer außerhalb von Göteborg, ist ein Beispiel, dass sich auch im Gartenbau immer wieder revolutionäre Entdeckungen ergeben. Er hat hier auf einigen Tausend Quadratmetern einen Steingarten angelegt, in dem die Pflanzen ausschließlich in Sand gepflanzt werden. Das System scheint perfekt zu funktionieren, denn der Garten ist eine Pracht, und die Pflanzen stehen so gesund und kräftig in den Beeten, dass man neidisch werden kann. Und: Es wird hier weder gegossen noch gibt es große Probleme mit Unkraut. Dieser Garten lässt sich klimatisch sicherlich nicht überallhin verpflanzen, aber er ist eine Anregung.

Peter Korns Garten ist nur an wenigen Tagen öffentlich zugänglich. Der Garten befindet sich in Eskilsby (11 km südlich von Landvetter, östlich von Göteburg). www.peterkornstradgard.se

Bienen freuen sich über die porzellanartigen Heidelbeerblüten.

Foto © mutsu7211/Shutterstock.com

GARTENFRAGEN
ZU BEEREN

livegartentipps

🌸 **Die im Frühjahr gepflanzten Erdbeeren haben einmal kurz getragen, sind dann mäßig gewachsen und waren im kommenden Jahr kaputt. Warum?**

Im Frühjahr erhältliche Erdbeeren sind kurz vor dem Verkauf vorgezogen worden und haben meist wenige Wurzeln. So schwer es fällt: Wenn Sie die Pflanzen langfristig erhalten wollen, dann entfernen Sie im ersten Jahr die Blüten. Die Erdbeerpflanze wird kräftig einwurzeln. Besser wäre aber eine Pflanzung im August.

🌸 **Sind die Ausläufer bei Erdbeeren immer genau jene Sorte, die ich gekauft habe, oder neigen die Pflanzen zur Verwilderung?**

Ja, das sind immer genau die Sorten, die Sie gekauft haben. Allerdings empfiehlt es sich, jene Stöcke zu markieren, die besonders köstliche Früchte gebracht haben. Von diesen dann Kindel abnehmen und neu pflanzen.

🌸 **Meine Heidelbeeren haben offenbar zu viel Kalk erwischt und gelbe Blätter bekommen. Kann ich sie noch retten?**

Im Prinzip ja, aber es dauert meist sehr lange. Pflanzen im Spätherbst ausgraben, kräftig zurückschneiden, den Wurzelballen gut lockern, ausschütteln und in saure Erde setzen. Erfahrungsgemäß erholen sich die Pflanzen erst nach 3 bis 4 Jahren.

🌸 **Meine Heidelbeeren sind gepflanzt, wie Sie es immer empfehlen – in einem kleinen Hochbeet. Ihr Wachstum ist aber nun so stark, dass ich schneiden muss. Oder soll ich lieber nicht schneiden?**

Bei Kulturheidelbeeren werden immer nur einige wenige der alten Äste herausgeschnitten bzw. eingekürzt. Niemals zu viel schneiden, sonst beginnt starkes Blattwachstum und die Ernte fällt geringer aus.

Neuere Heidelbeersorten sind auch am Balkon ein Gewinn.

🌸 An den Blättern meiner Ribiseln sind kleine Pusteln. Was kann ich dagegen tun?

Es handelt sich um Gallmilben, die an sich keine großen Schäden anrichten. Allerdings sollten sie nicht überhandnehmen. Befallene Blätter abzupfen und entsorgen. Sind es sehr viele im kommenden Frühling, zeitig eine Spritzung mit Rapsöl- bzw. Schwefelpräparaten durchführen.

🌸 Bei den Ribiseln sterben immer wieder ganze Äste ab. Was kann ich machen, außer herausschneiden?

Die wichtigste Arbeit ist das Ausschneiden – bodeneben. Die Pflanze gut mit Dünger und Kompost versorgen und dick mulchen. Dann bleibt der Boden feucht. Spritzungen sind nicht erforderlich.

🌸 Unter unserer Hecke hat sich eine „Wilde Erdbeere" angesiedelt. Sie bedeckt nun schon große Flächen, blüht gelb und fruchtet, aber der Geschmack ist langweilig. Kann man sie überhaupt essen?

Diese sogenannte Scheinerdbeere ist das Erdbeer-Fingerkraut, eine Spezies der Potentilla, und kommt aus Indien. Sie ist essbar, aber mehr oder weniger geschmacklos. Als Bodendecker eignet sie sich sehr gut, für einen Naschgarten ist sie ungeeignet.

🌸 Bei den Brombeeren sind so viele Früchte weiß und nur einige kleine Teile schwarz. Sie schmecken langweilig. Was ist da passiert?

Der Brombeerblütenstecher hat leider zugeschlagen! Entfernen und entsorgen Sie die befallenen Früchte, damit sich die im Inneren befindliche Käferlarve nicht im Boden verpuppt. Ansonsten den Boden gut mulchen und die Pflanzen ausreichend düngen.

🌸 Kann ich Weintrauben selbst vermehren und wie geht das?

Am besten vermehrt man die Trauben durch Stecklinge, die im Frühjahr geschnitten werden. 30 cm lang und dann zu gut zwei Drittel in die Erde gesteckt, treiben diese Hölzer schon bald Wurzeln und Triebe. Im kommenden Jahr an den endgültigen Platz setzen.

🌸 Gibt es eine Chance, Wein auch im Topf auf der Terrasse zu ziehen?

Ja, die gibt es – allerdings nicht für ewig. Die Sorte 'Bianca' konnte ich etwa fünf Jahre mit gutem Ertrag in einem Topf ziehen. In einem Frühjahr mit Spätfrost war sie allerdings dahin. Daher Weintrauben im Topf geschützt über den Winter aufstellen, damit sie nicht zu früh austreiben, düngen und regelmäßig gießen.

GRÜNE TRÄUME UNTER GLAS

EIN GEWÄCHSHAUS MUSSTE HER!

Es war wohl die „Droge", die mich endgültig zum Gartenenthusiasten gemacht hat: das Gärtnern unter Glas. Ob mein erstes selbst gebautes Gewächshaus aus Holzlatten und Plastikfolie, wo ich als Zwölfjähriger Pflanzen kultivierte, oder mein Luxusglashaus, das ich mir 2008 baute – so kann ich beim Garteln den Jahreszeiten ein Schnippchen schlagen!

Foto © Christoph Böhler

„Wie heißt es unter Gärtnern so schön? Ehe du in Energiesparmaßnahmen investiert, putze die Fenster. Damit kommt nämlich die größte Menge an Gratiswärme ins Glashaus."

Gewächshäuser haben eine jahrhundertealte Geschichte, und es war immer das Ziel, dem Wetter mit seinen Kapriolen zu entkommen. Spätfröste, Regen oder zu viel Hitze – das alles kann man unter Glas einigermaßen unter Kontrolle bringen. Ob es nun ein selbst gebautes Glashaus ist oder eines mit Profitechnik – je nach Zeit und Muße lässt sich überall erfolgreich gärtnern. Aber es gibt ein paar Grundregeln, die man beachten sollte.

Foto © Marina Lohrbach/Shutterstock.com

Foto © sirtravelalot/Shutterstock.com

Foto © Carmina_Photography/Shutterstock.com

Tipp für die Gelassenheit

Der Regenwasserspeicher kann nicht groß genug sein!

Ob ein unterirdischer Tank, eine Regentonne oder ein großer Teich als Wasserspeicher – das kostbare Nass wird immer kostbarer. Daher beim Hausbau, beim Anlegen eines Gartens oder beim Errichten eines Gewächshauses unbedingt an das Speichern des Regenwassers denken! Wer groß genug plant, wird immer wieder die Wasservorräte auffüllen und dann für viele Wochen den Garten mit kostenlosem und vor allem weichen Wasser versorgen können.

#tippfürdiegelassenheit

SO SOLL DAS GLASHAUS SEIN

Ein Gewächshaus kann nicht groß genug sein, nicht wegen der meist vorhandenen Sammelwut, sondern wegen des Klimas. Früher baute man Glashäuser unter die Erde und dachte, dies würde Energie sparen. Doch heute weiß man: Je höher und durchsichtiger die Glashäuser sind, desto einfacher ist die Kulturführung. Mehr Luftraum verhindert Krankheiten und bringt damit gesünderes Wachstum.

Zweite wichtigste Entscheidung ist – so kurios es klingt – nicht die Heizung, sondern die Lüftung. Die meisten Probleme tauchen dann auf, wenn man im Frühling und Sommer die Hitze nicht rasch genug aus dem Glashaus bringt. Daher: Große Lüftungsfenster nicht nur an den Seitenwänden, sondern unbedingt auch an den Seiten vorsehen.

Aus diesem Grund ist auch die Schattierung ein großes Thema: entweder mit professionellen Schattiergeweben, die knapp unter dem Dach eingezogen werden, oder wie früher mit Schattierfarben. Sie werden außen aufgebracht und verändern die Lichtdurchlässigkeit je nachdem, ob sie trocken oder feucht sind. Noch einfacher geht es bei Kleingewächshäusern: Hier kann ein Baum, der einen lichten Schatten gibt, wie zum Beispiel die Felsenbirne, bereits ausreichend für Sonnen- und damit Hitzeschutz sorgen.

Bleibt noch das Thema Heizung. Bei Kleingewächshäusern reicht entweder eine von einem Profi installierte Elektroheizung, wenn es darum geht, kurze Frostperioden im Frühjahr zu überbrücken, oder man installiert bei einem Ganzjahresgewächshaus eine mit der Hausheizung verbundene Zentralheizung. Unbedingt einbauen sollte man eine Umluftventilation. Da sich die warme Luft immer im oberen Bereich eines Raums sammelt, kann durch eine Durchmischung der Luft eine deutliche Ersparnis an Heizkosten erzielt werden. Im Übrigen dient der permanente Luftstrom auch der Pflanzengesundheit, denn die durch den Luftzug rasch abtrocknenden Blätter sind deutlich weniger pilzanfällig.

Streptocarpus 'Frosty patterns'.

Foto © Alexandrova Elena/Shutterstock.com

GEZIELTE WASSERVERSORGUNG

Bei Gemüsekulturen sind Tröpfchenbewässerungen von großem Vorteil, weil es hier durch eine gezielte und punktgenaue Wasserversorgung zu einem kräftigen und gesunden Wachstum kommt. Besonders bei Tomaten und Gurken, die unter Glas gezogen werden, haben sich diese Bewässerungen auch im Hobbybereich bewährt.

„Ich bevorzuge das Gießen mit Schlauch und Brause aus einem vorgewärmten Regenwasserspeicher. Denn damit komme ich alle paar Tage an jeder Pflanze vorbei und erkenne, ob sie Nährstoffe benötigt, an Schädlingen oder Krankheiten leidet oder ob sie umgetopft werden muss."

Mein Gartenschatz

DREHFRUCHT (*Streptocarpus* **sp.)**

Diese Pflanze hat den Dreh! Lange Jahre war sie kaum bekannt, nun aber erlebt die Drehfrucht eine Renaissance. Vor etwa 200 Jahren wurde sie in Afrika entdeckt.

Blüten: Blau, rosa, weiß und viele verschiedene Variationen; fast zehn Monate im Jahr

Blätter: Die samtig behaarten Blätter vertragen kein direktes Sonnenlicht, gedeihen daher perfekt an Ost- oder Westfenstern.

Kultur: Im Winter braucht die Drehfrucht eine Ruhepause; sie verträgt kein Zuviel an Wasser; Vermehrung wie bei Usambaraveilchen durch Blattstecklinge.

#meingartenschatz

Foto © Marina Lohrbach/Shutterstock.com

Foto © SariMe/Shutterstock.com

ERFOLGSFAKTOR SAUBERKEIT

Möglichst rasch sollten immer alle abgefallenen Blätter und Blüten sowie wild aufgehende Beikräuter entfernt werden. Einerseits kann man damit Schädlinge – vor allem die Weiße Fliege – und Krankheiten – vor allem den Grauschimmel – abwehren. Und damit immer genug Licht ins Glashaus kommt, sollten sowohl Glasflächen als auch die oft verwendeten Stegdoppelplatten jedes Jahr gut gereinigt werden.

Weise Erkenntnis

Technik macht Freude

Auch wenn es manchmal nicht so ist, beim Gewächshaus ist die Technik der Schlüssel fürs bequeme und erfolgreiche Gärtnern. Automatische Lüftungen machen es möglich, dass man ein paar Tage wegfahren kann. Rasche Wetterwechsel können bei nicht ausreichender Lüftung die Pflanzen arg schädigen, und sie erfolgen meist dann, wenn man nicht zu Hause ist. Auch automatische Schattierungen verhindern ein Überhitzen, und eine thermostatgesteuerte Heizung beugt vor allem im Winter Sorgen vor. Setzen Sie immer auf Profitechnik und verwenden Sie nur feuchtigkeitsgeprüfte Geräte!

BIOLOGISCHE SCHÄDLINGSBEKÄMPFUNG

Was sich in den letzten Jahren sehr umweltfreundlich entwickelt hat, ist die Bekämpfung von Schädlingen. Ob Blattläuse, Weiße Fliege oder Wollläuse – gegen all diese Schädlinge gibt es nun Nützlinge, die, regelmäßig ausgebracht, das Problem lösen. Wie immer bei biologischen Maßnahmen ist das rechtzeitige Einschreiten wichtig.
Damit das Bodenleben auch unter Glas aktiv wird oder bleibt, sollten bei jedem Gießvorgang die sogenannten „Effektiven Mikroorganismen" in den Boden eingebracht werden. Sie sorgen sowohl im Wurzelbereich als auch auf den Blättern dafür, dass die Pflanzen gestärkt Krankheiten und Schädlinge abwehren können und diese erst gar nicht aufkommen.

Gartenirrtümer

Gewächshäuser sind Energiefresser

Das kann grundsätzlich richtig sein, wenn man ein tropisches Gewächshaus rund ums Jahr betreibt. Doch für Hobbyzwecke reicht es aus, das Glashaus im Winter temperiert zu halten und durch geschickte Installation von Umluftventilatoren und bei größeren Anlagen von einem Wärmeschirm halten sich die Energiekosten in Grenzen. Wer generell nur vom Frühjahr bis zum Herbst Gemüse kultiviert, hat bis auf wenige Tage keinerlei Energiekosten.

GARTENREISEN

WIEN
IN ÖSTERREICH
2008

Wer an **Schönbrunn** denkt, der denkt wohl in erster Linie an das herrliche barocke Schloss. Mir aber kommt zuerst die grüne Schatzkammer der österreichischen Bundesgärten in den Sinn, die als Fortführung der Sammlung der Habsburger etwa 10.000 zum Teil extrem seltene Pflanzen beherbergt. Seit 1569 wird hier gesammelt. Neben einer großartigen Orchideensammlung findet man zahlreiche Zitrusarten, eine große Pelargoniensammlung sowie viele Zierpflanzen, die auch heute noch zur Dekoration bei öffentlichen Anlässen verwendet werden.

DIE GRÜNE SCHATZKAMMER

So manche Pflanze ist am Naturstandort längst ausgestorben, durch gezielte Vermehrung wird in den Bundesgärten der Bestand aber erhalten und teilweise sogar wieder an den Ursprungsort rückgeführt. Ein besonderes Highlight sind das große Palmenhaus sowie das Wüstenhaus, die die schönsten Stücke präsentieren und für das Publikum immer geöffnet sind. Die anderen Gewächshäuser mit den wertvollen Sammlungen sind nur von Zeit zu Zeit bei speziellen Führungen zugänglich.

Österreichische Bundesgärten Schönbrunn
www.bundesgaerten.at

Fotos © Karl Ploberger

Unter Dach stellen sich im Sommer häufig Schädlinge ein – nützen Sie den Platz für hitzeresistente Exoten.

Foto © GartenAkademie.com

GARTENFRAGEN
RUND UMS GEWÄCHSHAUS

#livegartentipps

🌸 Sind eigentlich Glasgewächshäuser besser oder jene mit Stegdoppelplatten?

Glas ist besser, weil es mehr Licht durchlässt. Allerdings muss man hier den großen Nachteil bei Bruch der Scheiben, z. B. durch Hagel, bedenken. Die neuen isolierenden Platten sind so gesehen sicherer und preisgünstig. Thermoglas ist eine Alternative zu den Stegdoppelplatten, kostet aber viel mehr.

🌸 Welche Überwinterungstemperatur ist ideal?

Das hängt sehr von den Pflanzen ab. Die Überwinterungstemperatur für die meisten Pflanzen beträgt um 5 °C. Zitrus überwintert man bei 5 bis 10 °C. Bei Orchideen hängt es stark von der Art ab. Manche benötigen konstant 18 bis 20 °C. Gemüse im Frühjahr sollte nachts bei etwa 10 °C kultiviert werden, tagsüber ab 15 °C lüften.

🌸 Wann ist im Gewächshaus der beste Zeitpunkt zum Gießen? Mir kommt manchmal die Luft so stickig vor.

Stickig sollte die Luft nie sein, daher immer am Morgen gießen und danach gut lüften. Ist das Gewächshaus im Winterbetrieb, dann zunächst die Temperatur ein wenig erhöhen, gießen und lüften, damit die feuchte Luft sofort entweicht. Grundsätzlich immer bei trübem, kühlem Wetter die Erde und weniger die Blätter wässern.

🌸 Bei einer alten Gärtnerei habe ich gesehen, dass die Glashausfenster mit Kalk eingesprüht wurden. Warum?

Das ist eine alte Methode des Schattierens. Der Kalk wäscht sich bei Regen ab und lässt damit wieder viel Licht ins Glashaus. Er muss allerdings danach wieder aufgetragen werden.

Ein Folientunnel bietet Kalthauspflanzen im Winter ein Zuhause.

🌸 **Man sagt: Gurken und Tomaten passen nicht zusammen. Bei mir stehen sie seit Jahren gemeinsam im Glashaus und wachsen hervorragend. Warum sollten sie nicht zusammen gepflanzt werden?**

Tomaten wollen eher eine trockene Luft, die Gurken eine hohe Luftfeuchtigkeit. Außerdem sind Gurken selbstunverträglich (außer man wählt veredelte Gurken) und sie mögen keine pralle Sonne. Offenbar pflanzen Sie so geschickt, dass sich beide Gemüsearten wohlfühlen.

🌸 **In alten Gartenbüchern habe ich von sogenannten Erdgewächshäusern gelesen. Ist das heute noch sinnvoll?**

Der Unterbau von Erdgewächshäusern reicht 1–1,5 m tief in den Erdboden. Es kommt ein wenig auf die Verwendung an, doch meist sind die Nachteile größer, wie man heute weiß. Für tropische Kulturen, die immer hohe Luftfeuchtigkeit und wenig direktes Sonnenlicht mögen, sind solche Häuser aber von Vorteil.

🌸 **Bei welcher Temperatur würden Sie die robusten Kübelpflanzen Hanfpalme, Olive, Lorbeer und Oleander überwintern? Dürfen die auch dem Frost ausgesetzt werden?**

Stehen sie in einem Überwinterungsgewächshaus, dann sollte die Temperatur konstant um die 5 bis 8 °C betragen. Bei Frost also ein wenig heizen und bei Sonnenschein tagsüber unbedingt lüften.

🌸 **Holz oder Alu? Was empfehlen Sie für das Gewächshaus?**

Alu ist langlebig und Holz attraktiv – besonders in einem naturnahen Garten. Die Auswahl hängt von der Umgebung ab. Bei Holz immer darauf achten, dass kein direkter Erdkontakt gegeben ist. Lang haltbares Holz verwenden, wie Lärche, Robinie oder Eiche. Alu eventuell farblich beschichten, um kein zu „technisches" Element in den Garten zu bringen.

🌸 **Soll man Gemüse im Glashaus mulchen? In Profigewächshäusern ist alles ohne Mulch.**

Ja, unbedingt mulchen. Wenn Sie in Profibiobetriebe schauen, ist alles gemulcht. Mulch in einer dünnen Schicht sorgt für eine gleichmäßige Durchfeuchtung des Bodens und damit für ein gesundes Bodenleben. Das fördert wiederum die Pflanzengesundheit.

🌸 **Ich besitze ein kleines Hochbeet mit Glasfenstern und möchte gern die „Heizung mit Pferdemist" – so wie früher – einbauen. Wie mache ich das?**

Im Hochbeet ist Pferdemist nicht ideal, weil er hier stark auskühlt. Das „Mistbeet" wird so bestückt: Die Erde im Herbst 60 cm ausgraben und das Hochbeet mit Laub befüllen. Im Februar Laub entfernen und 40 cm frischen Pferdemist einfüllen und festtreten. Mit heißem Wasser (man kann als Beschleuniger für die Verrottung etwas Zucker zugeben) angießen, nach einer Woche Pflanzerde auffüllen und bepflanzen.

EIN HÄUSCHEN IM GRÜNEN

DAS WALDHAUS HEISST GÄSTE WILLKOMMEN

Als Kind habe ich Baumhäuser gebaut, als Jugendlicher mein erstes Glashaus und als Erwachsener geht das Hausbauen weiter. Neben dem Wohnhaus sind es einige „Nebengebäude", wie es in der offiziellen Sprache heißt. In der „gärtnerischen" Sprache ist das dann aber ein „Gartenhäuschen", ein „Salettl", ein „Lusthaus" oder unser „Waldhaus".

Gebäude im Garten haben eine große Tradition, denn sie machen es möglich, „im Grünen" zu sein, auch wenn das Wetter nicht so mitspielt.
2009 brachte uns das Waldhaus eine große Erleichterung, denn die vielen Besucher, die Jahr für Jahr zu uns kommen, sind bei jeder Witterung unterwegs, und da standen wir dann oft vor der

Situation: Regen – und wo gibt's nun Kaffee und Kuchen? Die neue Bleibe, die bei meinem Geburtstagsfest eingeweiht wurde, ist mehr als bloß ein Regenschutz. Das Gebäude im Stil des Salzkammerguts dient auch als Lehrsaal für das eine oder andere Gartenseminar. Das Gästehaus im Grünen hat nun schon einige Jahre auf dem Buckel, ist aber immer noch beliebt. Kleine Konzerte, Autorenlesungen und auch Familienfeiern haben darin stattgefunden. Zwischendurch ist dieses Bauwerk ein wichtiger Lagerraum. Die im Herbst eingelagerten Blumenzwiebeln sind dort gut aufgehoben – allerdings mit einer permanenten Ventilation, da sie sonst sehr schnell zu schimmeln beginnen würden. Ich empfehle allen, die einen Garten errichten, genug Stauraum einzuplanen. Denn er macht alles viel leichter (siehe auch im Jahr 2010 – „Das Tonstudio"). Die eine oder andere Pflanze überlebte Frostnächte dank unseres

Das Waldhaus ist zu jeder Jahreszeit eine Oase zum Wohlfühlen.

Waldhauses, und so manche TV-Sendung wurde dort aufgezeichnet, wenn es wie aus Eimern schüttete. Die großen Türen und die vielen Fenster bleiben auch bei Regen offen und vermitteln den Eindruck, man sei direkt im Freien. Richtig romantisch allerdings sind die Events im zeitigen Frühjahr, wenn es unerwartet zu schneien beginnt. Dank Heizung ist es im Waldhaus kuschelig warm, und so wie in früheren Zeiten bilden sich an den einfach verglasten Fenstern die Eisblumen. „Wenn schon keine echten Blumen, dann wenigstens die kurzlebigen Eisblumen", lautet dann das Motto und überzeugt, dass Gartenhäuschen in keinem Garten fehlen dürfen.

Tipp für die Gelassenheit

#tippfürdiegelassenheit

Sitzplatz für intelligente Bequeme

Der Frühstücksplatz unter der Linde – ein tägliches Ritual! Das Mittagessen mit Blick auf die blühenden Rosen – unvergesslich! Der neue Sitzplatz beim Teich – für viele Abende vielversprechend! Und doch vergeht die Attraktivität nach einiger Zeit. Nicht nur wegen der Blütenpracht – der Hauptgrund, warum Sitzplätze unattraktiv werden, sind die langen Wege in die Küche. Daher gilt: Sitzplätze unbedingt an den schönsten Plätzen des Gartens anlegen, aber immer in Reichweite zur Küche. Nur dann wird der Garten zum Esszimmer im Grünen.

ZURÜCK ZUR KINDHEIT

Für alle Kinder, ob Buben oder Mädchen, ist ein Baumhaus ein großer Wunschtraum. Sein eigenes Nest zu haben, abseits der Erwachsenen, kann ein erstes Loslösen sein. Vielleicht ist der Rückzugsort so schwierig zu erreichen, dass von den Großen niemand eindringen kann? Ob als wirkliches Baumhaus auf einem großen Baum oder als eine Art Hochstand, bei dem das Geäst nur eine Kulisse darstellt, ist im Prinzip egal. Wichtig ist eine sichere Verankerung und die passende Gestaltung. Ob modern oder nostalgisch – das Baumhaus wird viele Jahre die Oase für die Kleinen sein und dann den Größeren bleiben.

„Der Wind spielte Gärtner. Eine Böe hatte vor einigen Jahren die Rose 'Goldfinch' vom Dach geholt und nur die dicksten Äste konnten gerettet werden. Innerhalb von wenigen Jahren war das Häuschen wieder zugewachsen. So sind die Ramblerrosen."

Foto © Litvalifa/Shutterstock.com

Clematis tangutica
Foto © Fotogenix/Shutterstock.com

„SALETTL" VON RAMBLERROSE VERSCHLUCKT

Gartenhäuschen wie auch Sitzplätze sollten so platziert werden, dass der Blick auf das Wohnhaus möglich ist. Dieser ganz andere Blickwinkel macht den Garten interessanter und damit wirklich zu einem grünen Wohnzimmer, das von allen Seiten betrachtet werden kann. Eine Ramblerrose kann ein Gartenhäuschen erobern und zu einem regelrechten Dornröschenschloss machen. Der Rückschnitt ist unmöglich. Eine solche Ramblerrose ist aber ein Paradies für Vögel. Vor allem im Winter, wenn die Hagebutten vom Frost aufgeweicht wurden, lassen sie jedes andere Futter beiseite.

Mein Gartenschatz

WALDREBE (*Clematis* sp.) #meingartenschatz

Sie ist als Einzelpflanze eine Zierde, aber genauso sind die Clematis als Begleiter für Kletterrosen ein absolutes Muss. Meine Lieblingsclematis *C. tangutica* ist ein Spätsommerstar, ihre Blüten und Samenstände sind ein Hit!
Kultur: Die Wurzeln im Kühlen durch andere Pflanzen beschattet, die Blätter und Blüten in der Sonne.
Schnitt je nach Gruppe: Die frühjahrsblühenden werden nicht geschnitten, die sommerblühenden im Frühjahr um die Hälfte eingekürzt und die herbstblühenden komplett bodeneben abgeschnitten.
Begleitpflanzen für einen kühlen Fuß: Funkien, Frauenmantel oder kleine Gehölze

Weise Erkenntnis

Die weiße Glyzine wird plötzlich blau

Viele der Gartenpflanzen, die man heute kauft, sind veredelte Pflanzen: der Wildling mit seiner großen Wuchskraft als Unterlage, die Edelsorte daraufgepfropft. Von der Theorie her eine perfekte Vorgehensweise, doch in der Praxis gibt es oft einen Haken. Die Unterlage treibt – unbemerkt – aus und verdrängt allmählich die Veredelung wie zum Beispiel die weiße Glyzinie. So geschehen bei mir und bei vielen anderen. Dann heißt es auf die Blüte warten und warten und warten. Und nach zehn Jahren blüht die Glyzinie blau – wie die wilde Unterlage. Auch bei Rosen, Ziersträuchern und sogar Obstgehölzen kann das passieren.

#weiseerkenntnis

Foto © nnattolli/Shutterstock.com

Foto © Elena Elisseeva/Shutterstock.com

LAUSCHIGE SITZPLÄTZE IM GARTEN

Die Regel, einer im Osten als Frühstücksplatz, einer im Westen als Abendsitzplatz und einer im Süden für Frühling und Herbst, sind fast nie in einem Garten zu erfüllen. Daher rate ich immer: Dort den Sitzplatz wählen, wo man vor Blicken geschützt verweilen und gleichzeitig den Garten in seiner ganzen Pracht genießen kann. Das ist meist in einer Ecke, die durch Sträucher und Bäume geschützt ist und den Blick auf Beete, Blüten und Haus zulässt. Die Position der Sitzplätze ändert sich im Lauf der Jahre. Einerseits durch das Wachstum der Bäume und den Schatten, andererseits ist es oft die Bequemlichkeit. Daher niemals zu aufwendige Einbauten vorsehen. Die Variabilität sollte beim Sitzplatz erhalten bleiben.

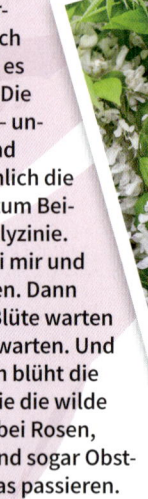

Gartenirrtümer

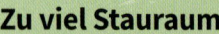

Zu viel Stauraum

Das kennt wohl jeder: Stauraum im Haus ist immer zu wenig. Genauso ist es aber auch im Garten! Wohin mit den Werkzeugen, dem Rasenmäher, der Scheibtruhe, den Düngersäcken oder dem gesiebten Kompost? Gerätehäuschen, Lagerschuppen und ein Kompostplatz mit einer Lagermöglichkeit – das alles gehört fürs bequeme Garteln dazu. Ausreichend Platz ist oft die einfachste Lösung für ein entspannteres Gärtnern. Auch wenn dafür vielleicht das eine oder andere Blumenbeet verloren geht.

#gartenirrümer

GARTENREISEN

WUPPERTAL IN
DEUTSCHLAND
2009

Als Georg Arends 1888 die Gärtnerei in **Wuppertal im Stadtteil Ronsdorf** gründete, war die Gartenwelt eine andere. In gewisser Weise ist sie es dort noch heute. In Anja Maubach, der jetzigen Besitzerin, lebt die Tradition weiter. Freilich angepasst an die heutige Zeit. Doch zwischen den alten Gewächshäusern, dem Packschuppen oder der Villa Wellblech spürt man noch, wie einst gegärtnert wurde.

EINE GÄRTNEREI MIT CHARME

350 Stauden hat ihr Urgroßvater gezüchtet. Der Artname „arendsii" erinnert an ihn. Viele von diesen Züchtungen findet man in der Gärtnerei. Es werden Kurse abgehalten, ein Schaugarten betrieben und mit vielen gartenkulturellen Veranstaltungen dafür gesorgt, dass Gärtnern mehr wird als Pflanzen und Pflegen. Deshalb soll hier auch ein Museum errichtet werden, das an den großen Staudenzüchter erinnert, wo seine Staudenzüchtungen gesammelt, die Gebäude renoviert und damit für die Nachwelt erhalten werden.

Staudengärtnerei Arends-Maubach
Wuppertal, Monschaustraße 76
www.anja-maubach.de

Ein Platz zum Wohlfühlen.

Foto © AnastasiaPetropavlovskaya /Shutterstock.com

GARTENFRAGEN
ZUM THEMA SITZPLÄTZE

livegartentipps

❀ **Schadet Efeu, der an einem hölzernen Garten-haus hochwächst?**

Grundsätzlich nein, allerdings mit Einschränkungen. Denn Efeu kriecht gern in die dunklen Ritzen und kann durch sein Triebwachstum das Holz sprengen. Ist Holz irgendwo morsch, wird es kritisch, denn dort wurzelt der Efeu sofort. Daher lieber einen weniger aggressiven Kletterer verwenden, wie zum Beispiel eine Rose oder eine Clematis.

❀ **Ich finde es langweilig, wenn beim Sitzplatz, der als kleiner Pavillon konzipiert ist und ein festes Dach hat, keine Blumen sind. Gibt es für diesen dunklen Platz Pflanzen, die dort wachsen?**

Blühende Pflanzen werden sich schwertun, aber Blatt-schmuckpflanzen, wie weiß-bunter Efeu, Keulenlilien, Efeututen, die weiß-bunten Grünlilien und die Trades-kantien, können ein nettes Grünensemble für diesen Raum schaffen.

❀ **Ist es eigentlich besser, Holz zu lackieren oder es unbehandelt zu lassen?**

Das hängt eindeutig von der Situation ab. Der beste Ver-witterungsschutz ist grundsätzlich eine solide Verarbeitung, die den Schutz vor Regen oder Feuchtigkeit von unten verhindert. Die Lackierung ist meist mehr optisch gefragt, besser sind Holzlasuren.

❀ **Kann man in einem unbeheizten Gartenhäus-chen Kübelpflanzen überwintern?**

Einige der ganz robusten werden dort bei nicht allzu tiefen Temperaturen überleben, sinken aber die Außen-temperaturen auf unter minus 15 °C und mehr, wird es kritisch. Ein Frostwächter kann vor diesen wenigen Tagen warnen. Auch das Gießen darf nicht vergessen werden. Die immergrünen Pflanzen verbrauchen im Win-ter ausreichend Wasser, wenn auch viel weniger wie im Sommer.

Vereinzelte Sitzplätze bieten zu jeder Tageszeit andere Eindrücke.

🌺 **Nach knapp 20 Jahren ist es so weit: Der Pavillon mit einer wunderschönen Rankrose ist morsch. Wenn wir die Rose nun abschneiden, geht sie dann kaputt?**

Nein, sicherlich nicht. Ich würde allerdings die stärksten Äste so ausschneiden, dass man sie seitlich während des Baus sichern kann. Dann wieder auflegen und nach zwei Jahren ist der Sitzplatz wieder von Rosen umrankt.

🌺 **Unser Rosenpavillon ist nach der Hauptblüte ein langweiliger Anblick. Es gibt bei Rosenbögen Kombinationen mit Geißblatt und Clematis. Passen diese auch für einen größeren Pavillon?**

Das Japanische Geißblatt (*Lonicera japonica*) oder die kleinblütigen Waldreben sind sicherlich ideale Partner einer starkwüchsigen Rose. Ich würde sogar eine frühlingsblühende *Clematis alpina* als Auftakt des Gartenjahrs nehmen, dann folgt die Rosenblüte, und das duftende Geißblatt beendet den sommerlichen Reigen.

🌺 **Wir wollen bei unserem Gartenhaus ein begrüntes Dach errichten, aber keine zu aufwendige Konstruktion bauen. Wie kann man am einfachsten bepflanzen?**

Fetthenne und Dachwurz sind die unkompliziertesten Pflanzen, um ein Dach zu begrünen. Mit einer dicken Folie das Dach abdichten, Dachgartensubstrat etwa 10 cm stark aufbringen und bepflanzen – das war's!

🌺 **Ich möchte unser relativ großes Gartenhaus mit einer weiß blühenden Rose überwachsen lassen. Kann man das mit Ramblerrosen erreichen?**

Wenn es ein wirklich großes Haus ist, dann wird wahrscheinlich nur die wuchskräftigste 'Kiftsgate' dafür infrage kommen. Ebenfalls sehr schön sind 'Bobbie James', 'Rambling Rector' oder 'Climbing Iceberg'.

🌺 **Unser Baumhaus ist eigentlich mehr ein schwebendes Gartenhäuschen. Kann es dem Baum – einer großen Linde – Schaden zufügen? Manche meinen, seit das Gebäude errichtet wurde, kümmert das Gehölz.**

Das lässt sich schwer beurteilen, aber wenn man ein Baumhaus mit dem nötigen Abstand zu den Ästen errichtet, sollte eigentlich nichts passieren. Wichtig ist, dass niemals Äste im Wachstum behindert werden. Auch das Wundreiben der Äste am Baumhaus muss verhindert werden. Krankes Holz immer sofort ausschneiden.

🌺 **Muss man eigentlich jedes Gartenhaus behördlich genehmigen lassen?**

Das kann man nicht generell beurteilen, da die Bebauungspläne und Bauordnungen sehr unterschiedlich sind. Im Zweifel vor Baubeginn mit der Gemeinde oder dem Magistrat in Kontakt treten.

Fotos © Christoph Böhler

DER GUTE TON

DAS KLEINE, FEINE TONSTUDIO IM NATURGARTEN

Wenn schon ein Naturgarten, dann auch so wenig Plastik wie möglich! Deshalb ersetzte ich nach und nach alle Plastiktöpfe durch Tontöpfe. Manchmal war es ein wenig mühsam, denn fegte ein heftiger Sommersturm durch den Garten, blieb mir nur die Hoffnung, dass die Scherben Glück bringen würden. Trotzdem: Jeder Griff zum Tontopf ist für mich nun ein Stück zur Natur. Und gelagert werden die Töpfe seit 2010 in meinem ganz persönlichen „Tonstudio".

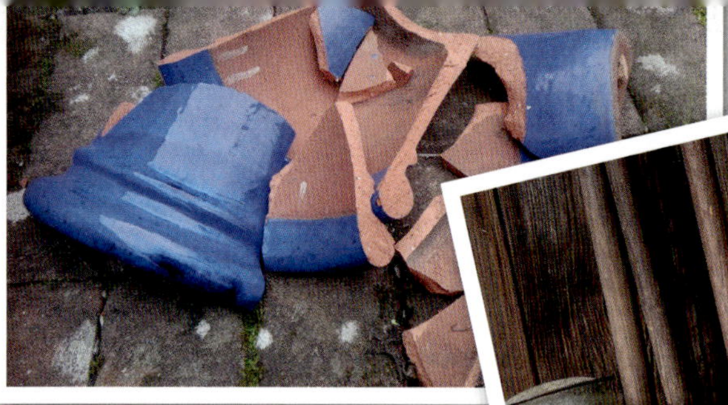

IST DER TONTOPF DER BESSERE TOPF?

So leicht lässt sich das nicht sagen, denn Plastik hat auch Vorteile. Es ist leicht, nicht zerbrechlich und verdunstet weniger Wasser. Doch der irdene Topf gehört dennoch zu meinen absoluten Favoriten: Er garantiert in erster Linie eine bessere Standhaftigkeit, dann ein besseres Wurzelklima und schließlich ist die Optik schöner. Wer mit Tontöpfen arbeitet, der benötigt auch ein Lager, und das habe ich mir geschaffen: einen offiziell als „Umtopfhaus" bezeichneten Raum, der es mit einer kleinen Heizung auch ermöglicht, im Winter zu pikieren, zu topfen oder Stecklinge zu schneiden. Inoffiziell wird dieser Raum, in dem bis zum Dach Tontöpfe geschichtet sind, allerdings „Tonstudio" genannt. Das hängt wohl ein wenig mit meiner Radiokarriere zusammen.

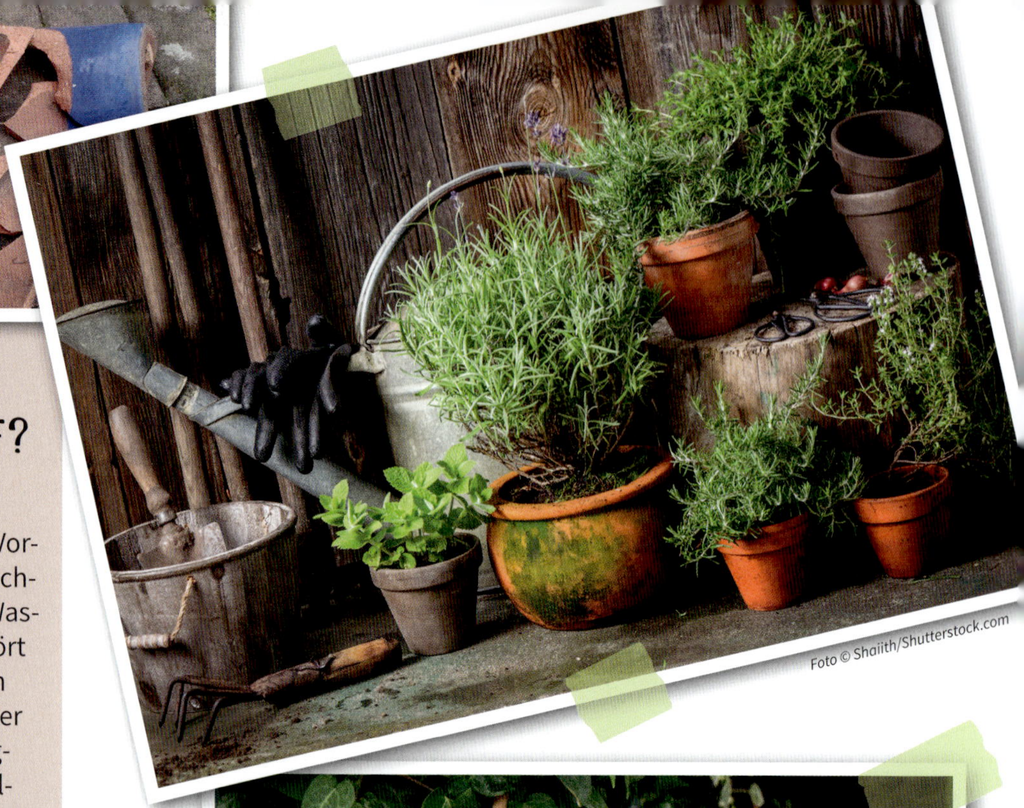

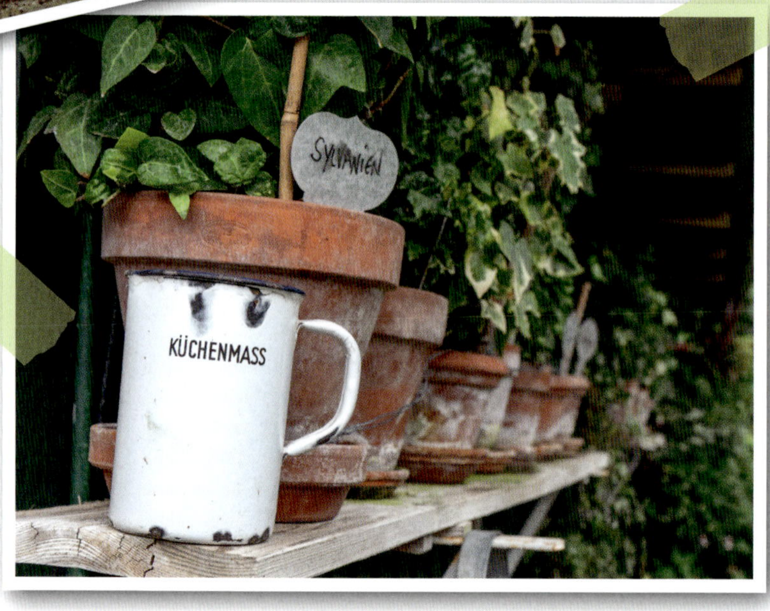

Tipp für die Gelassenheit

#tippfürdiegelassenheit

Scherben bringen Glück

Natürlich ist es lästig, wenn Tontöpfe zerbrechen. Meist sind es dann auch immer die schönsten und dekorativsten. Aber kein Grund, sich zu ärgern, denn die Wiederverwendungsmöglichkeiten sind – im Vergleich zu Plastiktöpfen, die letztlich in der Müllverbrennung landen – genial. Als klein zerschlagene Scherben können sie in die Erde gemischt werden, größere Teile kommen als Drainage in die Töpfe, und in Beeten mit trockenheitsliebenden Stauden sind sie das perfekte Mulchmaterial.

PLATZ ZUM UMTOPFEN

Kein Englischer Garten kommt ohne „potting shed" aus, denn immer ist etwas zu tun. Früher hatte ich dafür oft die Küche im Wohnhaus „missbraucht" und für viel Ärger in der Familie gesorgt. Es lagen Berge an Erde zum Umtopfen auf dem Esstisch und die Stecklinge türmten sich zwischen Spülbecken und Ofen. Heute gibt es keine Diskussionen mehr und die gärtnerischen Arbeiten finden alle im Garten statt.

„Platz zum Garteln ist das Wichtigste! Nur wer genug Stauraum hat, kann gut umtopfen oder die kleine Komposterdfabrik erfolgreich betreiben. Genauso ist es im Gemüsegarten notwendig, die Wege so breit zu gestalten, dass man bequem mit einer Scheibtruhe fahren kann."

#meingartenschatz

Mein Gartenschatz

JUDASBAUM (*Cercis siliquastrum, Cercis chinensis, Cercis canadensis*)

Der Judasbaum ist ein Trockenheitsfanatiker! Bei mir wurde mit einer ganzen Scheibtruhe voll Tonscherben der Boden drainiert.
Blüten: Im Mai; rosa, aber manche Sorten auch weiß; direkt am Stamm bzw. den Ästen
Blätter: Silbrig-grün schimmerndes Laub
Kultur: Liebt durchlässige Böden; gedeiht besser in trockenen Regionen; ideal als klein bleibender Hausbaum, wenn der Vorplatz tief geschottert wurde.

DAMALS WIE HEUTE

Blickt man zurück in die Geschichte des Gartenbaus, dann waren Tontöpfe der Standard. In allen möglichen Formen und Größen wurden sie produziert. Um sie sauber zu erhalten, verwendete man Essig. Die Säure beseitigt Kalk, aber auch alle Keime, die sich möglicherweise im Ton festsetzen. Ein wenig nachspülen und der Topf ist wieder sauber. Die Töpfe wurden früher immer wiederverwendet, denn Sparsamkeit stand damals – den finanziellen Möglichkeiten entsprechend – im Vordergrund. Dennoch spielte der dekorative Aspekt auch schon eine Rolle. Denken wir nur an die herrlichen italienischen Töpfe mit ihren attraktiven Elementen. Was wären die Zitrusbäume, die italienischen Kräuter oder die Schmucklilien ohne die schönen Terrakottatöpfe?

Fotos © Melinda Fawver und Scisetti Alfio/Shutterstock.com

91

Foto © Galina Grebenyuk/Shutterstock.com

FROSTFESTIGKEIT LÄSST SICH FÖRDERN

Sollen Dauerbepflanzungen in Tontöpfen platziert werden, stellt sich die wichtige Frage der Frostbeständigkeit. Grundsätzlich kommen die meisten Tontöpfe gut über den Winter, wenn sie nicht zu nass werden. Sonst kann es bei billiger Ware zum Springen des Tons kommen. „Garantiert frostfeste Töpfe" sind allerdings ebenfalls nicht vor dem Zerbersten gefeit. Einerseits kann das passieren, wenn der Topf auf einem Untergrund festfriert – hier helfen kleine „Füße", die unter den Topf geschoben werden. Andererseits kann aber auch Staunässe zum Zerstören des wertvollen Tontopfs führen. Ist der Boden mit Abzugsloch noch gefroren und Regen füllt kurzfristig den Topf auf und kann nicht abfließen, bleibt Wasser stehen. Wirkt gleich danach wieder Frost ein, so zerreißt das gebildete Eis das Gefäß. Um hier ein wenig Puffer zu schaffen, kann man die Töpfe mit dicker Schafwolle oder Steinwollmatten auskleiden.

Weise Erkenntnis

Rückschläge sollen motivieren

Im Garten kann man oft und viel aus Fehlern lernen. Da wurde etwas an die falsche Stelle gepflanzt, dort falsch gegossen. Man hat die große Ernte im Auge und plötzlich bricht der Ast des Apfelbaums ab. Oder mit den Tontöpfen: Größere Pflanzen mit ausgetrocknetem Ballen fallen um, und schon ist wieder ein Topf kaputt. Immer wieder kommt es zu Enttäuschungen, aber nehmen wir es als Lehrstück, und nach und nach werden wir zu immer besseren Gärtnerinnen und Gärtnern.

#weiseerkenntnis

DER GUTE TON MACHT'S!

Die Vielfalt an Tontöpfen ist groß – von schmalen hohen Rosentöpfen, durchlöcherten Orchideentöpfen bis zu Tonschalen für die Aussaat oder Tonröhren zum Aufbinden von tropischen sukkulenten Pflanzen. Da immer wieder Töpfe zu Bruch gehen, füllt sich das Lager zudem an Tonscherben. Nach alter Gärtnertradition werden diese aber dringend gebraucht. Denn auf jedes Abzugsloch kommt eine Tonscherbe, wenn ein- oder umgetopft wird. Damit verhindert man, dass Erde ausgeschwemmt wird und das Abzugsloch verstopft. Kleine zerschlagene Tonscherben sind außerdem als Zusatz in der Erde ein willkommenes Strukturmaterial.

Gartenirrtümer

Plastik im Garten

Es war der große Durchbruch in den 1960er- und 1970er-Jahren – alles wurde in Gärten durch Plastik ersetzt: Töpfe, Gießkannen, Bindematerial, Werkzeuge, Beetumrandungen, Schutzfolien, Erdsäcke, Regentonnen und vieles mehr. Was im ersten Moment praktisch erscheint, erweist sich zunehmend als Problem. Jeder Kunststoff wird im Sonnenlicht brüchig und so findet sich im Kompost bis zum Gemüsebeet überall Mikroplastik. Das lässt sich ändern: Plastik raus, Natur rein!

#gartenirrümer

GARTENREISEN

SARRÓD
IN UNGARN
2010

Eigentlich ist er Künstleragent, seit seiner Jugend aber durch und durch ein Botaniker. Der gebürtige Welser Thomas Amersberger hat sich nur wenige Kilometer von der österreichisch-ungarischen Grenze bei *Sarród* ein Paradies geschaffen.

EIN GARTEN ALS ANTWORT AUF DEN KLIMAWANDEL

Auf mehr als 4000 m² zeigt er, wie sich die Gärten in Zeiten des Klimawandels verändern: Palmen, Yucca, Oliven, Feigen und Dutzende – nein, wahrscheinlich Hunderte trockenheitsverträgliche Stauden und Kräuter, die aus dem Garten hier ein Paradies für Insekten machen. Der extrem fruchtbare Boden liefert enorme Ernten – wenn man bewässert. Gepflanzt wird in Schotter, denn die winterliche Staunässe ist für viele Pflanzen ein Problem. So können aber selbst mediterrane Pflanzen Temperaturen von minus 17 °C unbeschadet überstehen.

Global Gardening – der Garten im Klimawandel

Besucher sind willkommen – Öffnungszeiten allerdings nur an bestimmten Tagen Kontakt über Mail: office@amersberger.com

Fotos © Christoph Böhler

Foto © byggarn.se/Shutterstock.com

Tontöpfe bieten den Wurzeln ein gutes Klima.

GARTENFRAGEN
RUND UM TÖPFE

livegartentipps

🌸 **Meine Kübelpflanzen sind mit den großen Tontöpfen nicht mehr zu transportieren, die Plastiktöpfe gefallen mir aber nicht. Was könnte ich tun?**

Setzen Sie die Pflanzen in Kunststofftöpfe und stellen Sie diese in größere Tontöpfe (wie in einen Übertopf). Damit man das nicht erkennt, füllen Sie mit Erde rundherum auf und unterpflanzen Sie mit Sommerblumen. Im Herbst lässt sich die Kübelpflanze wieder aus dem Topf nehmen und ins Überwinterungsquartier transportieren.

🌸 **Ein großer wertvoller Tontopf ist in zwei Teile zerbrochen. Haben Sie Erfahrungen, wie man diesen wieder zusammenkleben könnte?**

Das funktioniert wirklich einfach mit einem Baukleber. Bruchstellen gut säubern und dann mit dem Baukleber einstreichen. Fest zusammenpressen, und nach ein, zwei Tagen ist der Topf wieder verwendbar.

🌸 **Oft bringe ich fest eingewachsene Zimmerpflanzen nicht mehr aus dem Tontopf heraus. Gibt es einen Trick oder muss ich den Topf zerschlagen?**

Für die Pflanze ist es sicherlich am besten, wenn Sie den Topf zerschlagen. Sie könnten aber versuchen, die Wurzeln mit einem langen schmalen Messer vom Rand zu schneiden. Ist der Topf nicht wertvoll, dann rate ich zu Variante eins.

🌸 **Wodurch unterscheidet sich eine Kübelpflanzenerde von einer anderen Topferde?**

Das Substrat bei Kübelpflanzen ist eher mineralisch, das bedeutet, es enthält Lavagrus, Bims oder auch Perlit und andere Stoffe, die die Erde luftig halten. Mit dabei sind aber immer Anteile von Lehm und Kompost. Nicht zu vergessen die Dauerdünger in Form von organischen Langzeitdüngern (Schafwollpellets, Hornspäne etc.).

Große und kleine Tontöpfe werden immer wieder verwendet.

Fotos © Cora Mueller/Shutterstock.com

❀ **Wodurch unterscheiden sich die Tonkügelchen vom Tongranulat?**

Die Tonkügelchen (Leca®) sind dicht gebrannt und nehmen kaum Wasser und keine Nährstoffe auf. Das Tongranulat (Seramis) dagegen speichert sowohl Wasser als auch Nährstoffe. Man kann Seramis als Ersatz für Erde oder zum Untermischen verwenden.

❀ **Sind graue Ränder an den Tontöpfen eher ein optisches oder auch ein hygienisches Problem?**

Kalkränder sind meist eher ein optisches Problem, doch sollte man von Zeit zu Zeit besonders alte Töpfe mit Essigwasser reinigen. Weisen Töpfe eine graue Farbe auf, sind sie meist voll von Düngesalzen, die den Wurzeln schaden können. Der Essig beseitigt sie. Über Nacht in einen Kübel einweichen und danach gut durchspülen.

❀ **In vielen alten Bauernhöfen sieht man Oleander in Holztöpfen. Was halten Sie davon?**

Eichentöpfe bieten eine gute Möglichkeit, um große Kübelpflanzen für einige Jahre ohne Umpflanzen zu kultivieren. Unbedingt Eiche oder Robinie verwenden, diese Hölzer sind langlebig und verrotten nicht so schnell.

❀ **Gibt es eine Chance, einen Tontopf absolut frostsicher zu bepflanzen?**

Am einfachsten ist es, wenn man den Topf innen mit Styropor dick auskleidet. Das Material gibt auch bei starkem Frost nach und verhindert so das Zerspringen.

❀ **Über Jahre hatte ich einen Zitrusbaum in einem Tontopf und er gedieh prächtig. Plötzlich begann die Pflanze zu kümmern und wir stellten fest, dass der Topf voller Wasser stand. Das Abzugsloch war durch Wurzeln verschlossen. Kann man so etwas verhindern?**

Nicht wirklich. Eventuell kann eine Drainageschicht, die mit Vlies abgedeckt ist, so etwas verhindern. Jedenfalls den Abfluss bei den Töpfen mit einer Tonscherbe abdecken und ab und zu kontrollieren.

❀ **Ich habe gehört, dass man Töpfe auch in einem Teich wieder sauber bekommt. Besonders große Kübelpflanzentöpfe würde ich gern so entkalken.**

Genau das funktioniert auch, weil das Teichwasser meist „sauer" ist und damit den Kalk auflöst. Einige Tage im Wasser liegen lassen. Macht man das nur mit einigen wenigen Töpfen, hat es bei einem großen Teich keinerlei Auswirkungen auf die Wasserstabilität.

95

Das Jahr
2011

EIN MEER VON ZWIEBELBLUMEN

DER ZWIEBELWAHNSINN HAT MICH ERWISCHT

Es waren die gigantischen Frühlingsblumen-wiesen in Englischen Gärten, die mich inspirier-ten. Dazu eine Reise ins niederländische Blu-menzwiebelgebiet und der Zufall, dass ich über eine Seite im Internet gestolpert bin, wo ein Großhändler Blumenzwiebeln in 100er-Packun-gen angeboten hat. Schon war ich süchtig …
Eine Wiese voller Schneeglöckchen oder Früh-lingsknotenblumen – das findet man bei uns auf dem Land häufig. Sogar ganze Wiesen voller Kro-kusse sind da und dort zu sehen. Doch wer eine Wiese voller Narzissen erleben will, der muss ins

Steirische Salzkammergut. Ich als neugieriger Gärtner wollte aber genau diese Pracht im eigenen Garten. So begann alles 2011 mit dem Anlegen der Schneeglöckchenstreifen unter der Wildsträucherhecke. Tausende kleiner Zwiebelchen vergrub ich unter den Gehölzen, und mit den Jahren entstanden viele herrliche Blühstreifen mit Tausenden Blüten. Die Pflanzen vermehrten sich gut, doch breiteten sie sich nicht so aus, wie ich mir wünschte. Dazu musste ich sie erst teilen.

Von der Tulpenwiese, die in Dokumentationen über Prinz Charles' „Highgrove“ zu sehen ist, blieb bei mir nur der Traum. Tulpen sind ein Magnet für Wühlmäuse, und so blieben bei mir von einigen Hundert gepflanzten Zwiebeln nur einige wenige über. Letztlich ist eine solche Tulpenwiese auch beim künftigen britischen König ein Projekt gewesen, das nach wenigen Jahren scheiterte. Deshalb werden die Tulpen bei mir in Töpfe gesetzt, und nur Narzissen, Zierlauch und Prärielilien, die von den gefräßigen „Viecherln“ nicht so gern angeknabbert werden, kommen in die Blumenwiese.

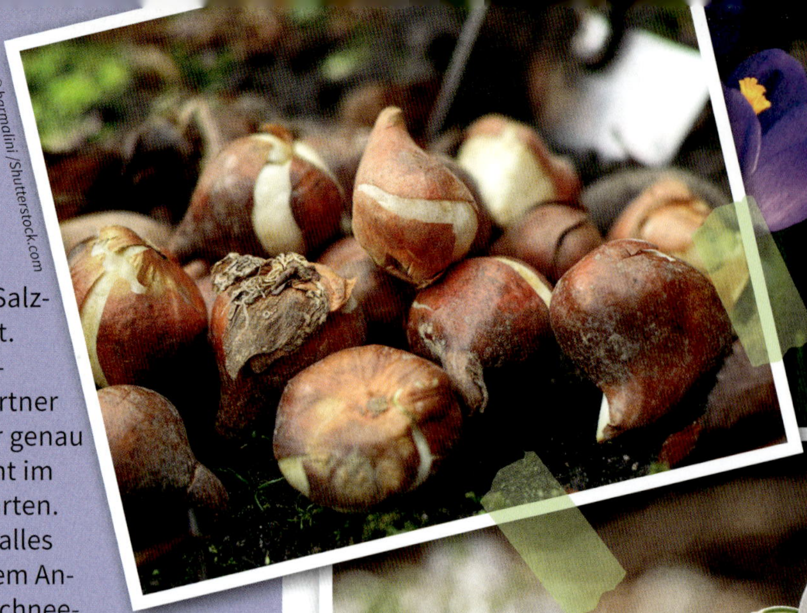

Foto © barmalini/Shutterstock.com

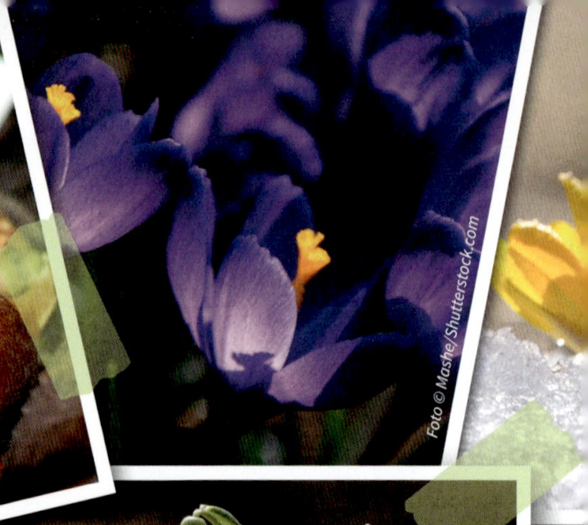

Foto © Mashe/Shutterstock.com

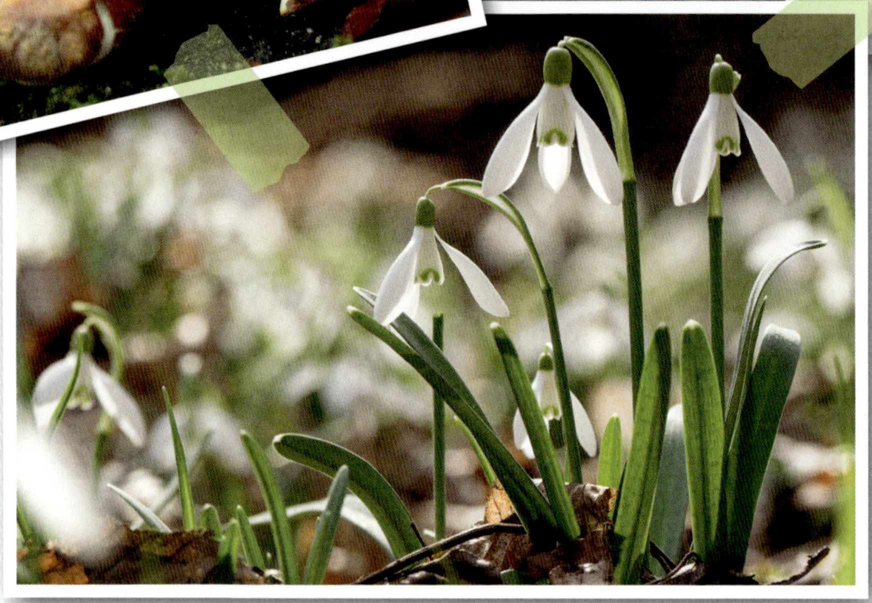

Foto © Jaro Mikus/Shutterstock.com

„Wichtig bei Zwiebelblumen ist die Nährstoffversorgung. Am besten arbeitet man in das Pflanzloch eine ganze Handvoll Schafwollpellets ein. Ihre Düngewirkung beginnt erst im Frühjahr, der Geruch hält aber gleich die Wühlmäuse ab.“

Tipp für die Gelassenheit

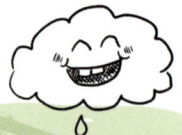

Wildzwiebeln werden geworfen

Große Mengen an kleinen Wildblumenzwiebeln zu pflanzen, ist mühevoll und war es auch bei mir in den ersten Jahren. Bis ich zeitgleich gut abgelagerten Kompost ausbrachte. Dann kombinierte ich nämlich das Bequeme mit dem Nützlichen. Die Wildblumenzwiebeln, wie Schneeglöckchen, Blausternchen, Winterlinge, Schneeglanz oder auch klein wachsende Narzissen, werden zuerst ausgestreut und dann mit einer etwa 5 cm hohen Schicht gut abgelagertem Kompost bedeckt. Damit sind die Zwiebeln geschützt und der Boden wird zudem mit Humus versorgt. Als Mulchdecke kommt noch Herbstlaub darüber.

#tippfürdiegelassenheit

SCHNEEGLÖCKCHEN IN DER BLÜTE TEILEN

„In the green", wie die Briten sagen, werden die Stöcke geteilt. Gleich nach der Blüte gräbt man die Pflanzen aus, teilt sie und setzt sie sofort wieder ein. Warum das so ist? Schneeglöckchenstöcke wachsen nur außen dazu. Je mehr sie aufgeteilt sind, desto stärker der Zuwachs.

KROKUSNESTER

Bei den Krokussen ist es ein wenig anders. Hier heißt es, den Rasen tatsächlich mit kleinen Nestern zu bepflanzen. Das geht so: Rasenziegel mit einem Spaten ausstechen, den Boden lockern und dann die Krokuszwiebeln einstreuen. Sie müssen nicht nach oben gerichtet sein, die Zwiebeln drehen sich in die richtige Richtung bzw. beginnen von selbst nach oben zu wachsen. Ergänzt man jedes Jahr ein paar Krokusse, entsteht eine bunte Wiese. Man kann dabei auch gleich Schneeglöckchen und Blausternchen einpflanzen und so für einen noch längeren Zeitraum einen frühlingshaften Blühaspekt schaffen. Die Rasenflächen werden nach der Blüte und einer etwa vierwöchigen Pause zum Einziehen der Blätter einfach mit dem Rasenmäher gemäht. Bei den ersten beiden Malen Mähen immer die höchste Schnittstufe wählen und nicht zu kurz schneiden.

Mein Gartenschatz

ZIERLAUCH (*Allium* sp.)

Vor einigen Jahren waren sie die Stars auf der Chelsea Flower Show, und – wie schon viele andere Pflanzenarten zuvor – von dort haben sie einen Siegeszug in unsere Gärten angetreten. Bei mir wachsen sie in der Wiese.

Blüte: Von Tiefviolett bis hin zu Weiß, spezielle Formen wie bei **Rakettenlauch** (*Allium schubertii*)

Besonderheit: Etwa 40 verschiedene Sorten und Arten, von ganz kleinen, nur 10 cm hohen Pflanzen bis zu Riesen mit bis zu 120 cm Wuchshöhe

Verwendung: Im Beet, in der Wiese, aber auch in Töpfen, vor allem in Kombination mit Tulpen, die das oft früh vergilbende Laub abdecken.

#meingartenschatz

99

Frühlingsknotenblume
(*Leucojum vernum*).

Foto © Mike Pellinni/Shutterstock.com

Camassia leichtlinii.
Foto © Nick Pecker /Shutterstock.com

TRAUMHAFTE PRÄRIELILIEN

Besonders interessante Pflanzen für Blumenwiesen sind die Prärielilien oder Camassien. Auch hier gibt es unterschiedliche Sorten. Intensiv ist das Blau von *Camassia leichtlinii* 'Caerulea'. Prärielilien bevorzugen lehmig humose Böden und vermehren sich zwischen den Gräsern gut, sodass wiesenartige Massenaufkommen entstehen. Damit man im Frühjahr die blühende Wiese auch gut erleben kann, ist eines besonders wichtig: Immer einige Rasenpfade schon beim Pflanzen der Zwiebeln frei lassen und dort den Rasen auch regelmäßig mitmähen. Dann lässt sich durch das Blütenmeer schlendern, ohne die Wiese zu beschädigen.

Weise Erkenntnis

Man kann nichts erzwingen

Es zeigt sich, dass manche Zwiebelblumen an einem bestimmten Standort einfach nicht gedeihen. So war für mich immer eine Wiese voller **Frühlingsknoten** (*Leucojum vernum*) ein Traum. Doch es zeigte sich sehr rasch, dass gerade diese „Märzenbecher", wie sie in Deutschland heißen, oder die „unechten" Schneeglöckchen, wie sie bei uns genannt werden, ganz besondere Ansprüche stellen: nämlich einen äußerst feuchten Standort. Nur dort etablieren sie sich und vermehren sich zufriedenstellend.

#weiseerkenntnis

NARZISSEN- ODER ZIERLAUCHWIESE

Will man Narzissen oder Zierlauch setzen, werden zur Pflanzung ebenfalls kleine Rasenziegel ausgestochen, doch gemäht werden darf hier erst nach vielen Wochen und nur mit der Sense. Damit Narzissen schön blühen, sollten sie möglichst früh in die Erde kommen. Diese Zwiebelblumen treiben nämlich rasch Wurzeln und blühen umso schöner, je kräftiger der Wurzelstock entwickelt ist. Auch alle **Zierlaucharten** (*Allium*) wollen früh in die Erde, blühen aber deutlich nach den Narzissen. Sie können deshalb zusammen ins Pflanzloch gelegt werden. Als Narzisse zum Verwildern empfehle ich die mehrblütige Sorte 'Thalia' und als Lauchsorte den lang blühenden (weil sterilen) 'Globemaster'. In einer höheren Gräserwiese sehen sie besonders attraktiv aus.

Gartenirrtümer

Tulpen blühen nur einmal

So scheint es, denn viele der frisch gepflanzten Zwiebeln sind im ersten Frühjahr schön, doch in den Jahren danach erscheinen nur noch vereinzelt Blüten und viele Blätter. Der Grund dafür ist: Viele der Tulpen benötigen während des Sommers eine trockene Phase, erst dann beginnt im Inneren der Zwiebel die Bildung der Blütenknospe für das nächste Jahr. Gleiches gilt übrigens auch für die Kaiserkronen, die ebenfalls eine Ruhezeit im Sommer einlegen, ehe sie wieder zu blühen beginnen. Bei den Narzissen ist das nicht so, sie blühen nach Regenperioden trotzdem auch im kommenden Jahr. Einzige Ausnahme ist die **Dichter-Narzisse** (*Narcissus poeticus* var. *recurvus*), die vom Narzissenfest in Bad Aussee bekannt ist. Sie benötigt einen wechselfeuchten Boden – im Frühling feucht, im Sommer kurze Zeit trocken und im Spätsommer wieder feucht. Dann etabliert sie sich und blüht regelmäßig.

#gartenirrümer

GARTENREISEN

OOSTWOLD
NIEDERLANDE
2011

Man könnte hier wahrscheinlich viele Gärten nennen, in denen die Besitzer dem Schneeglöckchenfieber verfallen sind. Aber ein Garten ist herausragend: *Tuinfleur in Oostwold.*

SCHNEEGLÖCKCHENFIEBER

Rika und Peter van Delden haben sich hier ein einzigartiges Gartenwunderland geschaffen. Er – verliebt in Hecken – hat auf den 6000 Quadratmetern Garten Hunderte Meter Hainbuchenhecken angelegt, die er kreativ schneidet. Rika dagegen mag Stauden und Zwiebelblumen. Ihr besonderes Interesse gilt den Schneeglöckchen. 10.000 und mehr werden jedes Jahr gesetzt. 200 verschiedene Sorten wachsen bei Rika und werden jedes Jahr liebevoll geteilt und damit vermehrt, sind doch Schätze darunter, wo eine einzige Zwiebel mehrere Hundert Euro kostet. Der Garten am Rande eines großen künstlichen Sees ist aber nicht nur im Frühling interessant, sondern das ganze Jahr über.

Tuinfleur
Rika und Peter van Delden,
RM OOstwold
www.tuinfleur.nl

Tuinfleur bezoektuin

Foto © Lauren Bilboe/Shutterstock.com

Fotos © Karl Ploberger

Foto © Cornelia Pithart/Shutterstock.com

Der Tulpenfrühling wird schon im Herbst gepflanzt.

GARTENFRAGEN
RUND UM BLUMENZWIEBELN

livegartentipps

🌸 **Warum blühen die Winterlinge in meinem Garten nur ganz selten? Die neu gepflanzten eigentlich gar nicht.**

Die Knollen der Winterlinge muss man vor dem Setzen unbedingt einen Tag lang in Wasser legen. Sonst treiben sie nicht aus. Blühen die Pflanzen, das einziehende Kraut bis zum völligen Vertrocknen stehen lassen, dann säen sie sich selbst aus. Die kleinen Sämlinge (sehen zu Beginn fast wie Kresse aus) schützen, nach zwei Jahren blühen sie.

🌸 **Es gibt so viele schöne Wildtulpen! Welche sind für einen sehr trockenen Standort vor dem Haus geeignet?**

Eine der robustesten, die mit sehr durchlässigen trockenen Böden besonders gut auskommt, ist *Tulipa tarda*. Sie entwickelt auf einem Trieb mehrere Blüten und verströmt einen angenehmen Duft. Man muss allerdings vor ihr niederknien. Sie wird nur 15 cm hoch.

🌸 **Soll man bei den Zwiebelblumen die Samenstände entfernen oder kann man sie belassen? Auf der Narzissenwiese ist das ziemlich mühsam.**

Jede Samenbildung kostet die Pflanze Kraft, die sie für das kommende Jahr brauchen könnte. Daher die abgeblühten Tulpen samt Stielen ausbrechen, das Laub aber unbedingt bis zum völligen Einziehen stehen lassen.

🌸 **Ich weiß, dass Tulpenzwiebeln im Sommer eine Trockenphase benötigen. Kann ich das nur durch das Ausgraben der Zwiebeln erreichen?**

Wenn das Beet im Sommer gegossen wird, dann ja. Anders ist es, wenn sich ein Beet im Regenschatten eines Hauses befindet, das im Sommer nicht bepflanzt wird. Dann werden die Tulpen vermutlich hier jedes Jahr blühen und sich auch gut vermehren.

Ton in Ton oder bunt gemischt: Tulpen bieten alle Farben außer Blau.

Foto © tulip girl/Shutterstock.com

❀ Hängt die Blütengröße von der Zwiebelgröße ab – bei allen Zwiebelblumen?

An sich ist die Größe ein Garant dafür, dass die Blüte ebenfalls besonders groß ausfällt. Bei den Narzissen sind gute Zwiebeln jene, die drei „Nasen" besitzen.

❀ Welche Erfahrungen haben Sie mit Kaiserkronen als Wühlmausabwehr gemacht?

Diese Zwiebeln werden von Wühlmäusen tatsächlich nicht angerührt, aber dass rundherum auch andere Zwiebeln verschont bleiben, kann ich nicht bestätigen. Man müsste die Kaiserkronen vielleicht ganz dicht als eine Art Duftzaun setzen.

❀ Mir gefallen besonders die kleinen Narzissen, die im Frühjahr immer im Topf angeboten werden. Kann ich sie in den Garten setzen? Bei mir haben sie eigentlich nie geblüht.

'Tête à tête' ist vermutlich diese von Ihnen so geschätzte Narzisse, denn sie ist im Frühjahr die meistverkaufte Zwiebelblume. Sie ist extrem robust und sollte nach dem Abblühen im Topf gedüngt und gegossen werden, bis die Blätter eingezogen sind oder der Boden im Garten frostfrei ist. Dann wird ausgepflanzt; meist blüht sie ab dem zweiten Jahr regelmäßig.

❀ Wie schafft man es, dass Narzissen zu Weihnachten blühen? Ich habe blühende Narzissen bei einem Gärtner gesehen und möchte sie selbst antreiben.

Die sogenannten (Weihnachts-)Tazetten sind speziell präpariert, damit sie möglichst frühzeitig blühen. Es reicht, wenn man sie in eine Schale mit Kies setzt und feucht hält, sechs bis acht Wochen später blühen sie.

❀ Sind Narzissen tatsächlich giftig?

Ja, sie sind schwach giftig und sondern beim Abschneiden der Blütenstiele einen Saft ab, der bei manchen Menschen eine allergische Hautreaktion auslösen kann. Dieser Saft lässt auch andere Blumen in der Vase rasch welken, daher immer zuerst einige Stunden extra „auswässern". Wühlmäuse knabbern Narzissen gerade deshalb kaum an, weil die Zwiebeln giftige Alkaloide enthalten.

❀ Wie vermehrt man eine besonders wuchskräftige Narzisse? Durch Samen?

Nein, immer nur durch die Tochterzwiebeln, denn die aus Samen gezogenen Exemplare entwickeln ganz andere Eigenschaften. Bis Tochterzwiebeln blühen, kann es allerdings zwei, drei Jahre dauern.

Foto © Lubera.com

Foto © Christoph Böhler

DAS NEUE TOMATENHAUS

EIN ZUHAUSE FÜR DIE PARADIESÄPFEL

Die Tomate ist das beliebteste Gemüse. Weit mehr als 20 Kilogramm werden pro Kopf und Nase jedes Jahr in Österreich verspeist. Ein Großteil davon kommt aus dem eigenen Garten. Bei mir hatten die Paradeiser schon viele Standorte, ehe sie nun in den „Palast" einzogen.

Unmittelbar nach dem Hausbau war es bei uns so: Die Paradeiserkultur wuchs in Kübeln, Töpfen und Mörteltrögen. An der heißesten Stelle des Gartens, direkt vor der Südseite des Hauses, standen die Tomaten und lieferten Früchte über Früchte.

Foto © Captainharlock1988/Shutterstock.com

Foto © Christoph Böhler

Freilich mit viel Mühe, denn gegossen wurde zwei Mal am Tag. Dann wanderten die Paradeiser in den Gemüsegarten. Unter alten Mistbeetfenstern wuchsen sie nun die nächsten Jahre im Mutterboden und es ging ihnen viel besser. Keine aufgeplatzten Früchte, keine gelben Blätter, weil kein Düngermangel herrschte, und vor allem eines: deutlich weniger Mühe mit dem Gießen. Der Garten wurde größer und neben einem neuen Gemüsegarten entstand auch das große neue Glashaus. Auch dort versuchte ich meine Paradeiser in den unterschiedlichsten Sorten zu kultivieren. Die Betonung auf „versuchte", denn es zeigte sich: Im Glashaus war es viel zu heiß und statt der erwarteten Riesenernte ein Misserfolg das Ergebnis. Kaum Früchte konnte ich erspähen, weil schon die Blüten unbefruchtet abfielen. Ein Phänomen, von dem man in den letzten Jahren oft hört. Bei Tomatenblüten schmelzen bei hohen Temperaturen Staubgefäße und Stempel zusammen und es kann zu keiner Fruchtbildung kommen.

„Ich liebe die Sortenvielfalt bei Paradeisern! Sowohl einige der ganz alten Sorten findet man bei mir als auch neue Züchtungen, die besonders resistent gegen die Kraut- und Braunfäule sind."

Foto © Fotokostic/Shutterstock.com

Tipp für die Gelassenheit

HOCHBEET MIT DACH

Wärme und Sonne, das sind die wichtigsten Zutaten für eine erfolgreiche Tomatenkultur. Daher eignet sich ein Hochbeet besonders ideal für die Kultur der Paradeiser. Die Pflanzen sind selbstverträglich und können mehrere Jahre am selben Platz gesetzt werden. Ergänzt man jährlich mit Kompost und gießt mit Effektiven Mikroorganismen, so kann die Bepflanzung praktisch unbegrenzt an dieser Stelle erfolgen. Ein Dach darüber ist in Gegenden mit hohem Niederschlag notwendig, denn wenn das Laub länger als drei Stunden nass bleibt, können die Pilzerreger der Kraut- und Braunfäule in die Pflanze eindringen und sich von dort ausbreiten.

#tippfürdiegelassenheit

Foto © Christoph Böhler

DAS IDEALE TOMATENHAUS

Ich suchte einen neuen Standort für meine Paradeiser und errichtete im Jahr 2012 ein eigenes Tomatenhaus – einen „Palast", wie meine Frau sagte, als die Rechnung vom Zimmermann kam. An drei Seiten und mit einem Dach aus Glas überbaute ich ein Hochbeet. Seither wachsen darin die Tomaten in den unterschiedlichsten Sorten: alte und neue, große und kleine, rote und gelbe. Das Faszinierende an Tomaten ist wahrscheinlich die große Vielfalt. Bei der Pflege gibt es unterschiedliche Wege, von denen die meisten zum gewünschten Erfolg führen.

PARADEISERKULTUR À LA PLOBERGER

Gepflanzt wird erst Anfang Mai, knapp vor den Eisheiligen. Die Pflanzen werden deutlich tiefer gesetzt, als sie zuvor im Topf gestanden haben. Ins Pflanzloch kommt organischer Dauerdünger, mein neuestes Rezept ist eine Mischung aus Hornspänen und Schafwollpellets sowie einige Brennnesselblätter. Dann wird in der ersten Zeit kaum gegossen, damit die Pflanze tief wurzelt und sich selbst das Wasser sucht. Nur ein Liter pro Woche lässt an heißen Tagen die Blätter sogar welk werden, aber am nächsten Tag sind die Pflanzen wieder kräftig und vital. Nach drei bis vier Wochen wird dann je nach Witterung alle ein bis zwei Tage gegossen, regelmäßig ausgegeizt – also die Seitentriebe aus den Blattachseln entfernt – und dann und wann die Pflanzen mit Schachtelhalmextrakt und Effektiven Mikroorganismen besprüht. So bleiben die Pflanzen lange Zeit gesund. Entfernt werden auch die kranken Blätter. Ab etwa Ende Juli wird flüssig gedüngt, mit organischem Dünger oder auch mit Brennnesseljauche. Ein Mulch aus Brennnesselblättern kommt von Zeit zu Zeit auf die Erde, vor allem dann, wenn wegen der Hitze der Rasen nicht wächst und kein Schnittgut vorhanden ist.

Foto © Olha Vlasiuk/Shutterstock.com

Mein Gartenschatz

#meingartenschatz

JOHANNISBEERTOMATEN
(Lycopersicon esculentum var. pimpinellifolium)

Johannisbeertomaten entwickeln winzig kleine Früchte, die wie Ribiseln aussehen, und sind die richtigen Tomaten für intelligente faule Gärtner.
Früchte: Rot: 'Rote Murmel', gelb: 'Golden Current'
Kultur: Wachsen, blühen und fruchten ohne besondere gärtnerische Anstrengungen; tolerant bei Trockenheit und Nässe; starkes, immer verzweigtes Wachstum
Besonderheiten: Die Wildtomaten oder Johannisbeertomaten sind ursprüngliche Tomaten, die sich von ihren Naturstandorten viele Resistenzeigenschaften bewahrt haben.

'Rote Murmel' und 'Golden Current'.

Wild-Tomaten kommen mit wenig Pflegeaufwand aus.

Fotos © Lubera.com

Weise Erkenntnis

Alt oder neu – was ist besser?

Sind nun die alten Sorten oder die neuen besser? Das kann man so nicht sagen. Der Vorteil der alten Sorten ist, dass sie samenfest sind. Man kann also selbst Saatgut gewinnen und wieder anbauen. Bei den neuen „F1"-Sorten ist dies nicht möglich. Aus diesen Samen werden keine sortenechten Pflanzen. Welche Sorte ist nun mein Favorit? Jedes Jahr eine andere, denn durch Samentausch bekomme ich immer wieder neue Sorten geschenkt. Geschmacklich aber bin ich von der alten Sorte 'Kremser Perle' begeistert. Von den neuen Sorten finde ich 'Philovita' besonders gut, aber auch 'Pepe' gehört mit zu den Topsorten.

#weiseerkenntnis

Gartenirrtümer

Tomaten wachsen überall

Wachsen ja, aber ob sie auch fruchten? Sie sind zwar extrem anpassungsfähig, doch haben Paradeiser einige Vorlieben: kein Regen, kein Tau, dafür viel Wärme und Sonnenschein. Dazu noch ausreichend Nährstoffe und Wasser. Pflanzen auf einem Balkon ohne Sonne oder hinter einem hohen Balkongeländer haben keine Chance, genauso wenig wie in einem Garten mit viel Schatten durch Bäume oder einem Bereich, wo es durch ein Gewässer eine immer zu hohe Luftfeuchtigkeit gibt. Besser im Topf pflanzen und sich den wärmsten Platz suchen, den man findet!

#gartenirrümer

WAS SIND TOMTATOES?

„Tomatoes and potatoes growing from the same plant!" Tomtatoes sind eine Kuriosität, bei denen auf eine Kartoffel eine Tomate aufgepropft wird. Da beide aus der großen Familie der Nachtschattengewächse stammen, wachsen in der Erde die Kartoffeln und über der Erde die Tomaten. Wichtig ist allerdings bei dieser Kombination, dass man extrem stark düngt, denn beide Pflanzen zusammen benötigen sehr viele Nährstoffe. Die Ernte kann erfreulich sein: Einige große Kartoffeln und eine Unmenge an Tomaten bringt so ein „Zwilling" hervor.

GARTENREISEN

#therealplogardentour

Im burgenländischen Ort **Frauenkirchen** liegt die Biolandwirtschaft von Erich Stekovics. Dort hat er im Lauf der Jahre mehr als 3200 Sorten an Paradeisern und 600 Chilisorten angebaut. Sein Credo: Paradeiser niemals gießen, „das verwässert das Aroma und verhindert, dass die Pflanzen tief wurzeln".

DER „PARADEISER KAISER"

Er lässt die Pflanzen frei auf dem Feld wachsen, geizt sie nicht aus und entfernt keine braunen Blätter. Den Boden mulcht er mit Weizenstroh. Unter den klimatischen Bedingungen des Burgenlandes gelingen so hervorragende Ernten, bei entsprechender Bodenvorbereitung und bester Drainagierung auch in anderen Regionen. Bei Führungen unter dem Motto „Genussstunden" von Juli bis September durch den Betrieb gibt Stekovics Einblick in seine Gartenerfahrungen. Diese Spaziergänge dauern bis zu vier Stunden und zeigen alle Bereiche des Tomatenanbaus. Ein Schwerpunkt des Betriebs ist die Weiterverarbeitung zu Essiggemüse, Chutneys und vielem mehr. In einem Ab-Hof-Verkauf kann man diese Produkte erwerben.

Erich Stekovics am Schäferhof
Frauenkirchen (Burgenland)
www.stekovics.at

FRAUENKIRCHEN IN ÖSTERREICH 2012

Fotos © Veronika Schubert

Johannisbeer- und Cocktailtomaten reifen über einen längeren Zeitraum.

Foto © YuriyK/Shutterstock.com

GARTENFRAGEN ZUR
KULTUR VON PARADEISERN

livegartentipps

🌸 **Wie eng kann man die Tomaten setzen? Ich pflanze aus Platzmangel immer nur mit 60 cm Abstand.**

Wenn die Pflanzen aufgebunden, entgeizt und trotzdem gut durchlüftet sind, dann ist das in Ordnung. Immer auf eventuelle Krankheitssymptome achten und befallene Blätter sofort entfernen.

🌸 **Ich geize seit einigen Jahren die Paradeiser überhaupt nicht mehr aus. Allerdings sind die Pflanzen fast jedes Jahr mit der Weißen Fliege befallen. Was kann ich tun?**

Ich bin für einen luftigen Standort, der verhindert, dass Pilzkrankheiten sich ausbreiten und Schädlinge überhandnehmen. Weiße Fliegen am besten mit Nützlingen bekämpfen, die über den Fachhandel erhältlich sind. Rasche Hilfe bringe Biomittel: Rapsöl, das neue Orangenöl oder Neem-Extrakte.

🌸 **Kann ich Tomatenpflanzen, die durch Krankheit eingegangen sind, auf den Kompost geben? Was ist mit offensichtlich kranken Früchten?**

Ich gebe alles auf den Kompost, bestreue diese Pflanzen aber mit Urgesteinsmehl oder übergieße sie mit Mikroorganismen. Danach werden sie sofort gut mit anderem Kompostmaterial abgedeckt.

🌸 **Ich habe zwischen den Tomatenpflanzen große Tontöpfe eingegraben, in die ich gieße. Mir kommt aber vor, dass nicht genug Wasser zu den Pflanzen gelangt. Was meinen Sie?**

Die Jungpflanzen würde ich noch direkt gießen. Unbedingt das Abzugsloch beim Tontopf verschließen, damit das Wasser langsam ins Erdreich eindringt. Gegossen wird dann nur alle zwei, drei Tage.

Blütenmeer und Früchte der Peruanischen Wildtomate.

❀ **Was halten Sie von der Idee, Bananenschalen bei den Wurzelstöcken der Paradeiser einzugraben und mit Kaffeesatz zu mulchen?**

An sich ist jedes organische Material eine Bereicherung des Bodenlebens, ich zum Beispiel verwende Brennnesseln. Aufpassen sollte man allerdings, dass es sich um ungespritzte Biobananen handelt, denn ansonsten finden Sie alle Giftstoffe später in den Früchten. Den Kaffeesatz würde ich auf den Kompost geben und mit dem Kompost die Pflanzen düngen. Kaffee ist eher ein saurer Dünger, den die Tomaten nicht so gerne mögen.

❀ **Eine Nachbarin macht immer aus den ausgegeizten Trieben neue Pflanzen, die sie in Gläsern bewurzelt und dann sehr kühl überwintert. Ist das sinnvoll?**

Ob es für ihn sinnvoll ist, muss jeder für sich entscheiden, allerdings ist es eine außergewöhnliche Kulturform. Grundsätzlich geht das. Die Sortenechtheit bleibt damit bestehen.

❀ **Wann soll ich die Paradeiser gießen – am Abend oder am Morgen?**

Ich gieße grundsätzlich am späten Nachmittag, sodass eventuell nass gewordene Blätter noch abtrocknen. Die Pflanzen können sich damit aber über die ganze Nacht erholen. Die beste Vorsorge gegen Pilzerkrankungen ist Urgesteinsmehl. Mit einem feinen Sieb oder einem speziellen Blasgerät auf die untersten Blattreihen aufbringen.

❀ **Welche Mischkultur ist bei Tomaten möglich? Sie stehen bei mir unter einem Glasdach in voller Sonne.**

Basilikum ist an dieser Stelle sicherlich das beste Begleitkraut. Setzen Sie es direkt vor die Pflanzen ins volle Sonnenlicht. Gepflanzt werden sollte es aber erst Anfang Juni, wenn die Nächte wirklich mild sind. Basilikum ist das wärmebedürftigste Kräutlein!

❀ **Soll man Paradeiser Ende August oben abschneiden, weil die neuen Fruchtansätze sicherlich nicht mehr ausreifen?**

Ich belasse die Triebe, entferne aber die Blüten. Die Blätter liefern bis zuletzt Energie für das Ausreifen der restlichen Früchte.

❀ **Meine Tomaten haben dieses Jahr viele Früchte mit einem braunen Fleck. Ansonsten sind sie aber komplett gesund. Ich denke, es ist nicht die Braunfäule.**

In Jahren mit großer Hitze kommt es zur sogenannten Blütenendfäule. Dabei bildet sich bei einigen Sorten genau gegenüber dem Stielansatz ein brauner Fleck auf der Frucht. Das ist eigentlich keine Krankheit, sondern eine Art Stressreaktion der Pflanze. Meist passiert es, wenn sie in schwarzen Töpfen gezogen werden und die Wurzeln sich zu stark erwärmen. Dann können die Paradeiser kein Calcium mehr aufnehmen (obwohl es immer ausreichend in der Erde vorhanden ist) und es kommt zu dieser Erscheinung. Töpfe durch Bretter oder Jute vor zu großer Erwärmung schützen.

111

Das Jahr
2013

Foto © Lightman David/Shutterstock.com

FRÜHBEET MIT SPARGEL

MEIN HOCHBEET-ELDORADO UND SEINE FUNKTIONEN

Das Hochbeet gehört wohl zum wichtigsten Gartenelement, das in den letzten Jahrzehnten entwickelt wurde. Es vereint gleich mehrere Vorteile: Bequemlichkeit, bessere Wuchskraft und dazu noch weniger Schädlinge. Überwintert werden darin viele Frühlingsblumenzwiebeln, die ich in Töpfe pflanze und hier vor zu starkem Frost schüt-

ze. Danach kommen erste Salate und Kohlrabi ins geschützte Hochbeet und später dann Gurken und Zucchini.

Ein kleineres Hochbeet ist seit einigen Jahren das „Tropenhaus" – hier wachsen Wassermelonen, wenn sich auch die Ernte in Grenzen hält. Die Bepflanzung erfolgt meist zu spät.

Fotos © Christoph Böhler

Unterm Dach und doch an der frischen Luft.

Ein großes Hochbeet ohne Schutzhaube ist seit 2013 im Frühjahr immer das Salat- und Kohlrabiquartier. Alle möglichen Pflücksalate säe ich hier ganz dicht, denn bei mir werden schon nach wenigen Tagen die ersten Blätter für den frischen Salat geholt. Auch Rucola wächst hier – meist dann das ganze Gartenjahr und darüber hinaus, weil er sich immer bereitwillig aussät. Der Gemüsegarten ist bei mir seit Beginn an mit einer tief in den Untergrund reichenden Mauer versehen. So ist das Gemüse vor den lästigen Angriffen durch die Wühlmäuse geschützt. Der Versuch, außerhalb Spargel anzubauen, scheiterte kläglich. Schon nach wenigen Wochen war von den Pflanzen nichts mehr da – abgefressen. Deshalb kamen die nächsten beiden Hochbeete in den Garten. Diesmal gut geschützt durch Gitter am Boden wurden sie zum künftigen Spargelbeet. Grüner und violetter Spargel wachsen hier in einer sehr lockeren, mit viel Sand und Kompost aufbereiteten Erde.

AN DIE KETTE, FERTIG, LOS!

Frühbeete sind seit alters her die gärtnerische Antwort, um dem Wetter und seinen Kapriolen im Frühjahr zu entkommen. In der Vergangenheit wurden Mistbeete mit Pferdemist gepackt und so erwärmt. Heute arbeitet man generell bei Hochbeeten nur noch mit Verrottungswärme. Nach einer dicken Schicht Gehölzschnitt wird halb reifer Kompost, reifer Kompost und

Tipp für die Gelassenheit

Sauberkeit ist der beste Pflanzenschutz

Ob es sich um saubere Töpfe, gut gereinigte Fenster oder unkrautfreie Beete handelt, eine gewisse Ordnung im Garten kann viele Krankheiten und Schädlinge abhalten. So zum Beispiel auch beim Spargel, der im Herbst bodeneben abgeschnitten und sofort mit einer Schicht Erde bedeckt werden muss. Nur dann entdeckt der Spargelkäfer die Schnittstellen nicht und kann keinen Schaden anrichten. Das Kraut sollte ebenfalls sofort von den Beeten entfernt werden.

#tippfürdiegelassenheit

Foto © Bildagentur Zoonar GmbH

Mein Gartenschatz

SPARGEL (*Asparagus officinalis*)

Spargel ist ein Gemüse, das schon die Römer verwendet haben. Meist in seiner wilden Form. Im kleineren Hausgarten empfehle ich den grünen oder violetten Spargel anzubauen.

Kultur: In schwerem, etwas kalkhaltigem Boden, mit reichlich Kompost und organischem Dünger (am besten ist verrotteter Mist); abdecken mit Mulchschicht; Jungpflanzen auf kleine Hügel setzen; Bleichspargel muss angehäufelt werden.

Ernte: Nach drei Jahren erste Ernte; die Stangen werden bis zum Johannistag (24. Juni) gestochen

Besonderheit: Anbau in größeren Töpfen möglich, das zarte Laub wächst ab Juni und sieht dekorativ aus.

dann eine 15 cm hohe Schicht Gartenerde eingefüllt. So schafft man einen lockeren Bodenaufbau, der sich schon durch Sonneneinstrahlung gut erwärmt. Durch das Verrotten entsteht noch zusätzlich Wärme. Ist das Frühbeet gleichzeitig auch ein Hochbeet, vereint man die Vorzüge des bequemen Gärtnerns in Hüfthöhe mit den Vorzügen eines durch Glasfenster geschützten Beetes und mit dem Bodenaufbau in einem Hochbeet. Das alles lässt sich mit einer kleinen, aber sehr hilfreichen Idee aufwerten: Anstelle die Fenster mit einer Holzlatte aufzuspreizen, werden sie durch Ketten angehoben. Das lässt große Flexibilität beim Lüften zu und man kann darunter bequem arbeiten, ohne der Gefahr ausgesetzt zu sein, dass das Fenster herunterfällt, wenn gerade dort gearbeitet wird.

Wie beim Gewächshaus ist auch bei einem Frühbeet das Säubern der Fenster besonders wichtig, denn nur wo genügend Licht zu den Pflanzen kommt, wird es auch ein zufriedenstellendes Wachstum geben.

„Drei Jahre lang muss man bei Spargel warten, ehe man die ersten Stangen stechen kann. Und tatsächlich sind bei mir nun schon einige Ernten pro Saison möglich. Zwar hat sich irgendwann doch wieder eine Wühlmaus eingeschlichen, aber der Schaden hält sich in Grenzen und der Spargel wächst und wächst."

115

Fotos © Christoph Böhler

Mit offenem Fenster ist das Hochbeet im Sommer wie ein Freilandstandort.

Weise Erkenntnis

Holz statt Kunststoff

Wenn man über Jahrzehnte gärtnert, „hat man alles erlebt"! Auch das Kaputtgehen von so manchen Bauten. Die ersten Hoch- und Frühbeete waren durchweg aus Kunststoff und die ersten Jahre ideal. Doch nach einiger Zeit wurde das Material brüchig und landete schließlich im Müll. Seither verwende ich ausschließlich Holz, denn hat es einmal ausgedient, kann ich es entweder kompostieren oder zerschneiden, trocknen und verheizen. Eine bessere Verwertung gibt es bei keinem anderen Material!

#weiseerkenntnis

Gartenirrtümer

Holz verrottet schnell

Das ist mit Sicherheit einer der häufigsten Irrtümer, aber es kommt auf die Holzart und vor allem auf die Verarbeitung an. „Konstruktiver Holzschutz" ist wichtig, damit das Holz lange ohne Schäden erhalten bleibt, und bedeutet, den Baustoff weitgehend vor Niederschlag, Spritzwasser, aufsteigender Feuchtigkeit und Kondenswasser zu schützen. Harthölzer, wie Eiche oder Robinie, sind besonders langlebig, genauso wie die Lärche. Holzschutzanstriche dienen eher der Optik und helfen nur wenig, das Material langfristig vor Schäden zu bewahren.

#gartenirrümer

SPARGEL IM GESCHÜTZTEN HOCHBEET

Wichtig bei Spargelpflanzen – auch im Hochbeet – ist es, nicht mit dem Dünger zu sparen – am besten im Frühjahr einen Langzeitdünger aufstreuen und mit einem Gemisch aus Sand und Kompost abdecken. Nach der Sommersonnenwende ist es vorbei mit der Ernte, denn dann benötigt Spargel die Zeit zum Regenerieren, um fürs nächste Jahr genug Kraft in den Wurzelstock einzulagern.

Spargel kann übrigens jahrelang am selben Platz stehen und er produziert Jahr für Jahr das köstliche Gemüse. Wer den Bleichspargel lieber als Grünspargel hat, der kann ihn ebenso im geschützten Hochbeet kultivieren. Die Mühe ist aber doch ein Stück mehr als bei Grünspargel, denn das Beet muss im Frühjahr mit etwa 20 cm Sand bedeckt werden. Hier wächst der Spargel dann durch. Sieht man die Spitze, kann die Stange gestochen und geerntet werden. Ist die Ernte abgeschlossen, wird der Sand wieder entfernt, gedüngt und die Pflanzen die Laubtriebe beginnen zu sprießen.

GARTENREISEN

#therealplogardentour

TULLN IN ÖSTERREICH 2013

Eine europaweit einzigartige Gartenwelt ist in **Tulln** (**Niederösterreich**) entstanden und beweist, dass ökologisches Gärtnern immer und überall möglich ist. „Die Garten Tulln" mit ihrer „Natur-im-Garten-Erlebniswelt" zeigt mit mehr als 65 Schaugärten vielfältige Möglichkeiten der Gartengestaltung – immer mit dem Grundsatz, dass „mit der Natur und nicht gegen die Natur" gearbeitet wird.

WELT DES ÖKOLOGISCHEN GÄRTNERS

Zu sehen sind neben zahlreichen Beispielen für Garten- und Schwimmteiche auch viele Gemüse- und Kräutergärten. Großes Augenmerk wird in den Gärten auf das ökologische Gleichgewicht gelegt. Trockenmauern oder Wilde Ecken sorgen als Nützlingsunterkünfte dafür, dass Schädlinge erst gar nicht zum Problem werden.

Die Anlage bietet auch Spielplätze und ein Restaurant am großen Teich, der zu jeder Stunde ein musikalisches Wasserspektakel bietet.

Die Garten Tulln
geöffnet von April bis Oktober
www.diegartentulln.at

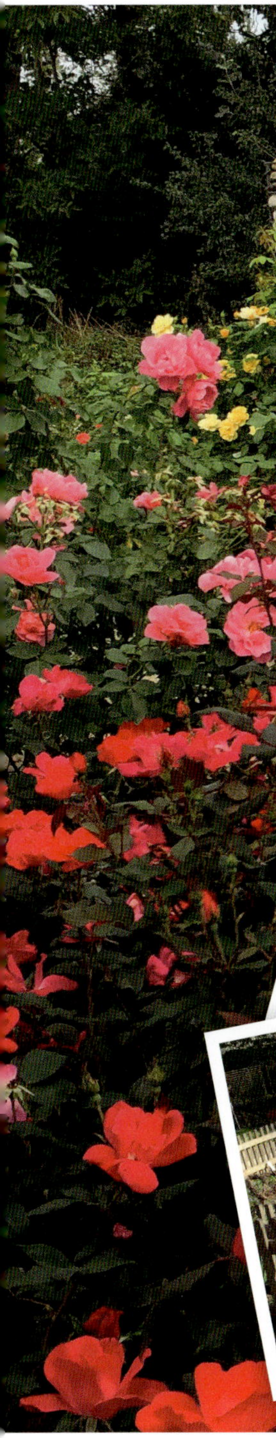

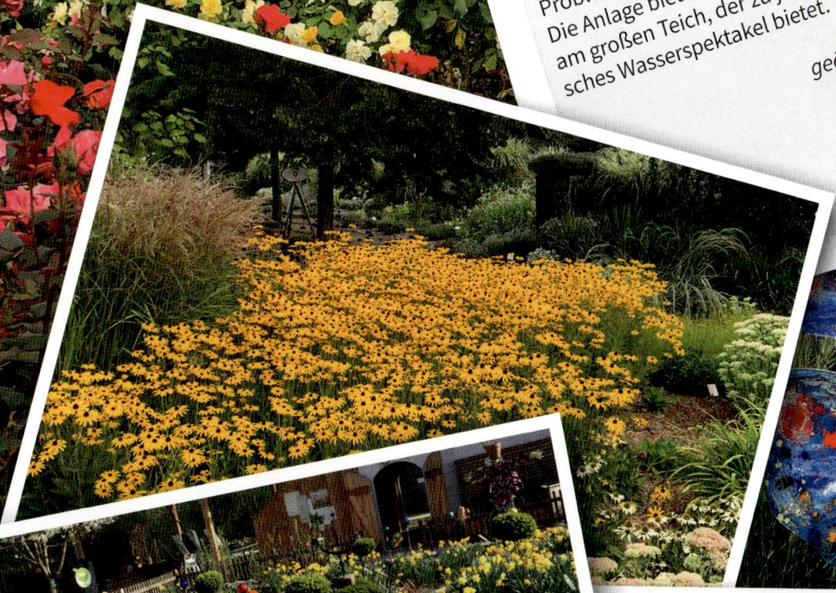

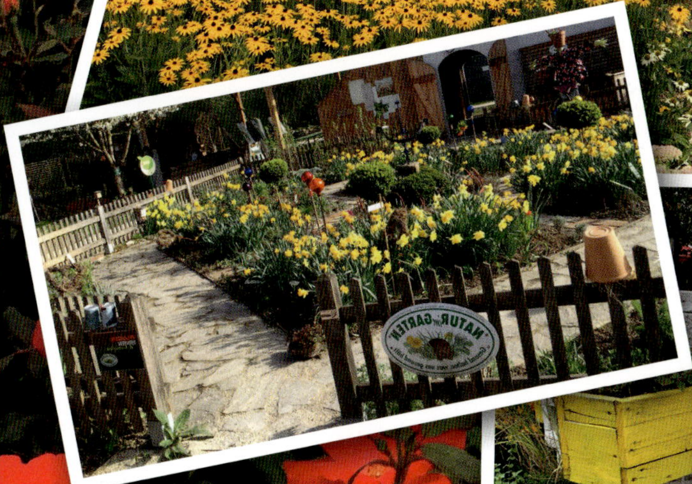

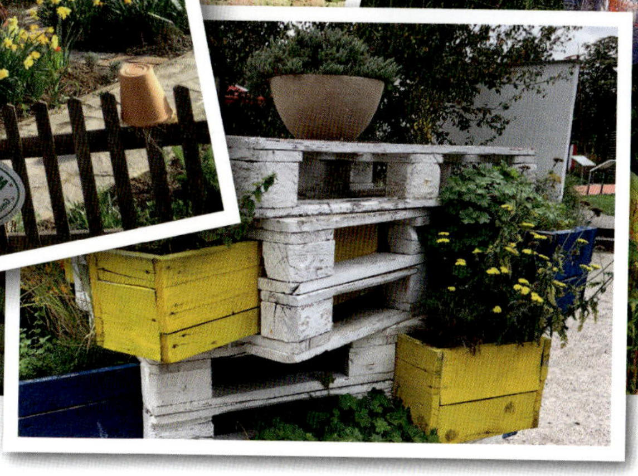

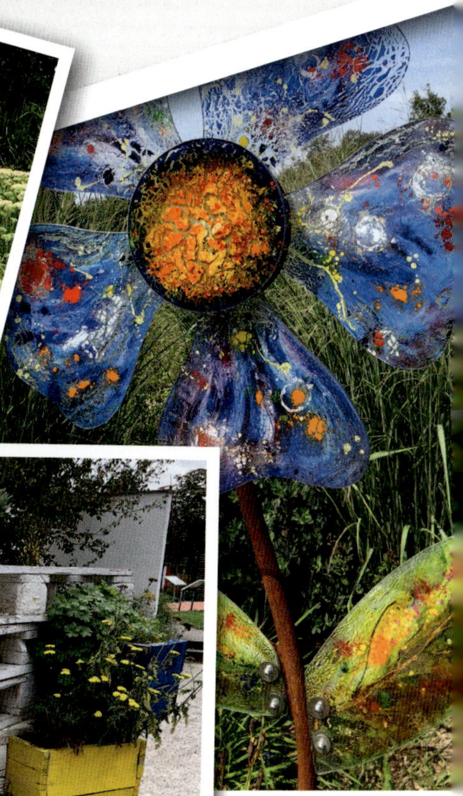

Fotos © Karl Ploberger

Wer nicht am Boden arbeiten will, dem kommt das Hochbeet entgegen.

Foto © Maren Winter/Shutterstock.com

GARTENFRAGEN RUND UMS HOCH- UND FRÜHBEET

#livegartentipps

🌺 **Kann man Hochbeete auch nach dem System einer Trockenmauer, also mit aufgeschichteten Steinen, errichten?**

Wie die Begrenzung eines Hochbeets aussieht, ist im Prinzip egal, doch sollte man bedenken, dass durch das Lockern der Erde im Beet die Mauer rasch instabil werden kann. Trockenmauern sind besser für dauerhafte Beetanlagen geeignet.

🌺 **Kann man bei einem Hochbeet auch den Gehölzschnitt von Thujen als unterste Schicht verwenden?**

An sich kann man jedes Gehölz als Material verwenden, allerdings ist für die Verrottung eine Mischung aus verschiedenen Materialen besser. Am besten das Schnittmaterial mit halb verrottetem Kompost mischen und darüber dann die üblichen Materialien schichten, wie gut verrotteten Kompost und als oberste Schicht Gartenerde.

🌺 **Gibt es bei einem warmen Mistbeet nur die Möglichkeit, mit Pferdemist das Material zu er-wärmen, oder kann man das auch anders machen?**

Ja, die gibt es: Laub, halb verrotteten Kompost und gehäckseltes Stroh gut mischen und 30 cm hoch auffüllen. Dann mit Hornmehl (etwa 100 g/m²) und einem ½ kg Zucker mischen. Mit heißem Wasser angießen, danach mit 15 cm Gartenerde abdecken und Fenster auflegen. Nach einer Woche bepflanzen. Die „Naturheizung" sollte bereits funktionieren.

🌺 **Wie oft muss man ein Hochbeet ausräumen? Das ist doch sehr mühsam!**

Ja, es ist wirklich mühsam, aber das bessere Wachstum belohnt für die Mühe. Grundsätzlich sollte man alle drei bis fünf Jahre das Beet komplett räumen und mit Gehölzschnitt und frischem Kompost sowie als oberste Schicht mit Gartenerde aufbauen. Die Erde, die man aus dem Beet schaufelt, kann man im ganzen Garten verwenden.

Hochbeet-Pflanzen haben einen klaren Startvorteil.

🌺 **In meinem Hochbeet wachsen alle möglichen Pilze. Sind sie für das Gemüse schädlich?**

Immer dort, wo Holz verrottet, wachsen Pilze. Daher kommen sie auch ins Hochbeet. Für das Gemüse besteht keine Gefahr. Ich würde sie entfernen und auf dem Kompost entsorgen. Pilze sorgen dafür, dass Holz wie Gehölzschnitt, Holzhäcksel etc. zu Humus wird.

🌺 **In meinem Hochbeet sind Unmengen an Asseln und Tausenfüßern. Diese Tierchen fressen vermutlich sogar meinen Salat an. Was kann ich tun?**

Immer dann, wenn im Hochbeet zu viel Kompost eingefüllt wird, kommt es zu diesen Problemen. Daher die oberste Schicht mit normaler Gartenerde oder Erde aus der Packung etwa 15 bis 20 cm auffüllen. Asseln und Tausendfüßer mögen übrigens kein Gesteinsmehl. Bei trockenem Wetter das Beet dicht bestreuen und nach Regen wiederholen.

🌺 **Muss ein Hochbeet unbedingt direkten Kontakt zum Erdboden haben oder kann ich es auch auf einem gepflasterten Platz aufstellen?**

Das ist grundsätzlich auch möglich. Dann muss das Hochbeet aber einen Wasserablauf nach unten haben, denn Staunässe ist für alle Pflanzen tödlich. Bei einem solchen geschlossenen Hochbeet ist wichtig, das Bodenleben zu aktivieren: mit Kompost, organischem Dünger und eventuell auch Effektiven Mikroorganismen.

🌺 **Ich lese immer die Tabellen über Mischkultur und Fruchtfolge, habe aber nur ein Hochbeet. Wie kann ich diese Grundsätze hier einhalten?**

Im Hochbeet kann man die „guten Nachbarn" und die „schlechten Nachbarn" durchaus zusammenpflanzen. Schwieriger ist es, die Fruchtfolge über die Jahre einzuhalten. Ich empfehle daher stattdessen einen Erdaustausch der obersten Schicht. So kann es keine negativen Auswirkungen geben.

🌺 **Ich habe ein Hanggrundstück und will hier eine Reihe von Hochbeeten anlegen. Allerdings werde ich sie wohl nicht mehr ausräumen können. Ist das schlecht?**

Sie können als Alternative die Hochbeete wie normale Gemüsebeete alljährlich lockern und mit Kompost und organischem Dünger versorgen.

🌺 **Die Beete in meinem Garten und auch mein Hochbeet sind dicht mit Moos bewachsen. Warum ist das so und ist das schädlich?**

Moos an sich ist nicht schädlich, aber ein Zeichen für staunasse, verdichtete und nährstoffarme Böden. Ich würde im Herbst tiefgründig umgraben und die Beete im Frühjahr mit Kompost und organischem Dünger versorgen. Ist der Boden sehr schwer, auch unbedingt Sand einarbeiten. Nach dem Bepflanzen mit Rasenschnitt mulchen.

LIEBE ZU PELARGONIEN

EINE REISE ALS BEGINN MEINER SAMMELWUT

Die Geranie, wie die Pelargonie auch genannt wird, ist die beliebteste Balkonpflanze der Österreicher. Meine Liebe zu dieser Südafrikanerin entbrannte im Jahr 2014, bei meiner ersten Reise in die Kapprovinz. Alle Pelargonien mit ihren zahlreichen Arten und Sorten kommen ursprünglich von dort, ob in aufrechter, halbhängender oder hängender Form.

Dazu gesellen sich noch als Sammlerexemplare die Englischen Pelargonien, die Duftgeranien, die Blattschmuck-Geranien und viele ganz eigenartige Wildformen.

121

Fotos © Christoph Böhler

GUT GEPFLEGT UND ÜBERWINTERT

Bis auf die „exotischen" Sammler-stücke benötigen alle Geranien eine humusreiche Blumenerde, die mit Sand und Tongranulat vermischt ist. Dazu kommt noch ein orga-nischer Langzeitdünger. Gepflegt werden Pelargonien ganz einfach: reichlich gießen, mindestens wö-chentlich düngen und alle verblüh-ten Triebe entfernen. Das jährliche Umtopfen nach dem Winter ist empfehlenswert. Alte, vertrocknete Triebe werden dabei entfernt und die Pflanzen kräftig zurückgeschnit-ten. So bleiben sie auch nach eini-gen Jahren noch vital.
Überwintert werden Pelargonien normalerweise in einem hellen, nicht zu warmen Raum und sie werden kaum gegossen. Im Glas-haus stehen sie bei 8 °C, wenn es trüb ist und geheizt werden muss. Scheint die Sonne, klettert die

Temperatur auf 15 °C, ab dann wird gelüftet. Das Wichtigste bei allen Pelargonien: im Winter sehr wenig gießen. Denn eine Pelargonie wird niemals wegen Trockenheit zu-grunde gehen, sondern immer nur, wenn es im Topf staunass ist.

Große Pflanzen, die überwintert werden, sollten möglichst hell ste-hen und im Frühling so bald wie möglich ins Freie gestellt werden. Bei kühlem, regnerischem Wetter oder gar bei Frost müssen sie aber wieder ins Haus zurück.

Tipp für die Gelassenheit

Balkonblumen der Zukunft

Neben den hitzefesten Pelargonien werden in Zukunft viele andere Kästen mit Pflanzen für „intelligente Faule" bepflanzt. So gehören Portulak, die Felsennelken, die große Viel-falt an Dachwurz, aber auch Yuccas, Zistrosen oder auch die vielen trockenheitslieben-den Kräuter, wie Rosmarin, Thymian oder Salbei, dazu. Als Dachbepflanzung gehören alle Sedum-Arten zu den pflegeleichtesten, weil sie absolut ohne Wasser auskommen. Aber auch Königskerzen, Prachtkerzen oder das Spanische Gänseblümchen überdauern viele Tage ohne Regen unbeschadet. Eine Lieblingspflanze der letzten Jahre nimmt dank der Witterung ebenfalls an Bedeutung zu: der Lavendel. Er gedeiht am besten auf sehr durch-lässigen, eher trockenen Böden und entwickelt dort nicht nur die schönsten, kompaktes-ten Blüten, sondern auch das intensivste Aroma.

#tippfürdiegelassenheit

Pelargonium tetragonum.
Foto © COULANGES/Shutterstock.com

Pelargonien bieten
eine große Vielfalt an Fomen,
Farben und Wuchsvarianten.
Foto © aniana/Shutterstock.com

„In meiner Sammlung stehen mittlerweile mehr als 200 Pelargonien. Aber! Die Luft nach oben ist scheinbar unendlich, denn es gibt an die 300 Arten und Tausende Sorten, und jährlich werden es mehr."

Mein Gartenschatz

KNOTEN- ODER GICHTPELARGONIE
(*Pelargonium gibbosum*)

Sie war längst nicht die erste Pelargonie in meiner Sammlung, aber diese Art nimmt einen besonderen Platz ein. Die Gicht-pelargonie, wie sie wegen der Knoten genannt wird, gehört zu den Sukkulenten-Pelargonien.
Blüten: Ockergelb bis grüngelb, duften in der Nacht zart nach Marzipan.
Besonderheit: Wird gern als „Partner" bei Neuzüchtungen verwendet, denn eine der gefragtesten Farben ist Gelb, weil sie bei Pelargonien selten vorkommt.

#meingartenschatz

VORBEUGEN GEGEN DIE PELARGONIENWELKE

Eine der gefährlichsten Krankheiten ist die soge-nannte Pelargonienwelke: Pflanzen, die davon be-fallen sind, sollten unbedingt weggeworfen werden, damit sie nicht andere Stöcke anstecken. Über-tragen werden die Viren vor allem, wenn man mit derselben Schere alle Pflanzen schneidet. Gerade im Frühjahr tritt die Krankheit bei jenen Pelargonien auf, die überwintert wurden oder die man im Au-gust durch Stecklinge vermehrt hat. Gelbe Blätter, vertrocknete Triebe – das alles sind Zeichen für die Pelargonienwelke.

Knoten- oder
Gichtpelargonie.
Foto © Ploberger

123

„Als Balkonblume hat sich die Pelargonie in den immer heißer werdenden Sommertagen bestens bewährt."

Foto © Happy Moments/Shutterstock.com

Eine einzige Pelargonie gibt es, die auch in unseren Breiten absolut frostfest ist: *Pelargonium endlicherianum.*

Foto © Toroslarinsesi/Shutterstock.com

Pelargonium tomentosum.
Foto © COULANGES/Shutterstock.com

Weise Erkenntnis

Ursprüngliche Standorte studieren

Einer der schönsten Momente bei einer Gartenreise ist für mich jener, wenn ich Pflanzen sehe, wie sie am ursprünglichen Standort wachsen. Das war in Südafrika am Weg zum Kap der Guten Hoffnung der Fall. Dort sah ich die alten, verkrüppelten Pelargonien, über und über mit ihren typischen Blüten geschmückt. Oder an der Amalfiküste, wo aus allen Felsecken der Rosmarin wuchs. Karger geht es nicht! Seither bekommt der Rosmarin auch bei mir nur noch viel Luft, Liebe und Steine. Und er wächst!

#weiseerkenntnis

Gartenirrtümer

Kiesbeet als Vorgartenwahnsinn

Es ist nur eine scheinbare Arbeitserleichterung, die sich manche Neohausbesitzer da schaffen: ein Kiesbeet im Vorgarten. Denn das, was vielerorts als Kiesbeet errichtet wird, ist mehr als ein nahezu totes Schotterbeet. So sollte es NICHT gemacht werden: Erde mit Folie abdecken, eine dicke Schicht Schotter auftragen und dann ein, zwei Töpfe mit Pflanzen aufstellen. Diese Flächen werden bald durch Laub, Staub und Wildwuchs unansehnlich und müssen immer öfter gereinigt werden. Richtige Kiesbeete werden so angelegt: Bis in eine Tiefe von gut 40 cm wird der Humus mit Kies und Splitt sowie Sand vermischt, sodass ein gut durchlässiges Substrat entsteht. Dann wird dicht mit trockenheitsliebenden Stauden wie Königskerze, Prachtkerze, Zistrose, Dachwurz, dem Spanischen Gänseblümchen etc. bepflanzt. Für den Frühling können Zwiebelblumen (Tulpen, Narzissen, Schneeglöckchen etc.) gesetzt werden. Auf diese Weise entsteht ein buntes Beet, das kaum Pflege benötigt, nur im zeitigen Frühling einmal durchgeputzt werden muss.

#gartenirrümer

SUKKULENTE FORMEN UND DUFTGERANIEN

Neben den typischen Balkongeranien gibt es auch sukkulente Arten (z. B. *Pelargonium tetragonum* mit sukkulenten, vierkantigen Stängeln), die in den Wüsten und Halbwüsten im Süden Afrikas vorkommen. Sie werden bis zu einem Meter groß und besitzen häufig dicke Stämme, die als Wasserspeicher dienen. Die Blüten sind im Vergleich zu ihren nicht sukkulenten Verwandten eher klein und unscheinbar, manchmal aber verströmen sie einen betörenden Duft, der auch diese eher unscheinbaren Pelargonien vor allem für Sammler so interessant macht. Lange Zeit waren auch Duftpelargonien nur bei Pflanzenliebhabern bekannt. Und: Sie waren kaum erhältlich. Das hat sich zum Glück geändert, denn nun sind sie voll im Trend. Duftgeranien haben in der Regel kleinere, mitunter unscheinbare Blüten, dafür verströmen die Blätter beim kleinsten Lufthauch oder bei Berührung ihren Duft: etwa nach Rosen, Orangen, Äpfeln, Zitronen, Mandeln, Kiefern, Minze, Muskat und Pfirsich. Die Blätter sehen im Gegensatz zu den Blüten keineswegs langweilig aus. Sie variieren im Grünton, in der Größe und sind samtig weich bis kratzbürstig rau. Arten sind: *Pelargonium graveolens* (Rosenduft), *P. crispum* 'Peach Cream' (Pfirsichgeschmack), *P. citronellum* 'Citronella' (mit zitroniger Duftnote) oder auch *P. tomentosum* (mit ihrem betörenden Pfefferminzduft), die aber mit ihren samtigen Blättern nicht in der prallen Sonne, sondern lieber halbschattig stehen möchte.

GARTENREISEN

KAPPROVINZ
IN SÜDAFRIKA
2014

Wenn ich hier von Südafrika spreche, dann ist das eigentlich nicht richtig, denn gemeint ist – für Pflanzenliebhaber – die **Kapprovinz:** Im Verhältnis zur Größe ist die Flora hier nämlich die artenreichste der Welt. Rund 6000 Blütenpflanzen findet man, wobei die *Protea*-Gewächse sicherlich die herausragendsten sind, gleich gefolgt von den Pelargonien, die im ganzen südlichen Afrika daheim sind, oder die Fynbos mit ihren Gräsern und Hartlaubgewächsen.

REFUGIUM FÜR BESONDERE PFLANZEN

Insgesamt ist die Kapprovinz eine der landschaftlich eindrucksvollsten Gegenden. Ob das nun der berühmte Tafelberg ist oder das Kap der Guten Hoffnung, wo die beiden großen Weltmeere Atlantik und Pazifik aufeinandertreffen. Einen der besten Überblicke verschafft man sich im Botanischen Garten von Kirstenbosch, der sich in einer Naturlandschaft am Fuße des Tafelbergs befindet. Freilich darf die Tierwelt nicht unerwähnt bleiben. Sie ist auch in dieser Region immer voller Überraschungen.

Südafrika – Kapprovinz
Beste Reisezeit: *ab Ende September
(da beginnt der Frühling)*

Fotos © Karl Ploberger

Manche Pelargonien sind blattzierend –
wie diese *Pelargonium × hortorum* 'Velma Cox'.
Foto © Gurcharan Singh/Shutterstock.com

GARTENFRAGEN RUND UM PELARGONIEN & CO.

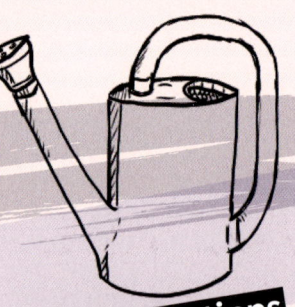

 # livegartentipps

🌺 **Ich habe mir kürzlich eine winterharte Pelargonie gekauft. Wie muss ich sie pflegen?**

Sehr oft sind „winterharte" Pelargonien botanisch eigentlich ein *Geranium*, eine winterharte Staude, die im deutschen Namen als Storchschnabel bezeichnet wird. Sie ist, wie alle Stauden, im Wurzelstock frostfest und treibt jedes Jahr wieder aus. Die einzige echte frostfeste Pelargonie ist *Pelargonium endlicherianum.* Sie überlebt auch bei uns, wenn sie im Winter vor Regen geschützt ist.

🌺 **Wenn ich Stecklinge von Pelargonien schneide, wann ist die beste Zeit?**

Stecklinge (das sind die obersten Triebspitzen mit ein bis zwei Blättern) werden entweder im Frühling oder im Sommer geschnitten, dann wachsen sie besonders schnell an. Im Herbst geht es auch, dauert aber meist ein wenig länger. Gleich nach dem Schnitt in sandige Erde stecken.

🌺 **Ich habe einmal einen Avocadokern von einer Reise aus den Tropen mitgenommen, angepflanzt und er ist auch gewachsen. Die Pflanze steht nun Jahr für Jahr auf der Terrasse und im Winter im Wintergarten. Kann ich Früchte erwarten?**

Die tropische Frucht Avocado wird bei uns eine wunderschöne Laubpflanze bleiben. Stünde sie in einem Tropenglashaus, dann könnte sie Früchte ansetzen. So aber ist die Wahrscheinlichkeit, dass sie fruchtet, sehr gering.

🌺 **Kann man Pelargonien auch durch Samen vermehren? Manchmal setzen meine Duftpelargonien Samen an, die dann aufspringen und Samen mit einer Art Wolle freigeben. Wächst der?**

Ja, so werden auch neue Sorten gezogen. Da können außergewöhnliche oder ganz normale Sorten entstehen. Einfach probieren, die Pflanzen blühen schon nach wenigen Monaten.

Die ledrigen Blätter der Hänge-Pelargonie (*Pelargonium-Peltatum*-Hybriden) schützen vor übermäßiger Verdunstung.

Foto © Irina Borsuchenko/Shutterstock.com

🌸 **Welche Pflanzen passen zu Pelargonien, wenn man damit Balkonkästen bepflanzt?**

Im Prinzip alle Pflanzen, die auch viele Nährstoffe benötigen. Zum Beispiel Surfinien, Prachtkerzen oder stark wachsende Strukturpflanzen.

🌸 **Ich hatte mit den Duftpelargonien schon öfter Pech. Sie sind im Sommer gut gewachsen, haben aber kaum geblüht. Die Pflanzen sind dann im sehr kühlen Überwinterungsraum eingegangen. Ich habe fast nicht gegossen – sind sie vielleicht vertrocknet?**

Viele Duftpelargonien benötigen im Winter eine höhere Temperatur, wie die traditionellen Balkonpelargonien. Besser ist es daher, man überwintert sie wie Zimmerpflanzen auf der Fensterbank, wo man dann sicherlich mehr gießen muss.

🌸 **Wie düngen und schneiden Sie die Pelargonien? Ich habe schon einige Pflanzen, aber sie werden mir allmählich zu groß. Dünge ich zu viel?**

Pelargonien, vor allem alle Balkonsorten, benötigen sehr viel Dünger, die sukkulenten Arten eher weniger. Geschnitten wird im Frühjahr und zwischendurch, wenn sie zu groß werden.

🌸 **Haben die Storchschnäbel (*Geranium*) im Garten mit den Pelargonien (heißen auch Geranien) etwas zu tun? Oder ist es nur eine Namensverwirrung?**

Beide sind sogenannte Storchschnabelgewächse. Das erkennt man, wenn die Pflanzen Samen ansetzen. Dann sehen diese Samenstände sehr ähnlich aus. Ansonsten sind die Ansprüche unterschiedlich.

🌸 **Jedes Jahr finde ich im Frühsommer bei meinen Balkongeranien kleine Raupen, die die Blätter anfressen. Absammeln ist fast unmöglich, weil die Raupen so klein sind. Was kann ich tun?**

Wie alle Raupen werden auch diese durch ein *Bacillus thuringiensis*-Präparat vernichtet.

🌸 **Kann man Pelargonien tatsächlich austopfen, auf Wäscheleinen aufhängen und überwintern? Ich habe das gelesen und kann es nicht glauben.**

Ja, das geht tatsächlich, allerdings nur in einem sehr speziellen Überwinterungsraum. Es muss ein Lagerkeller mit gestampftem Lehmboden und einer sehr hohen Luftfeuchtigkeit sein. Dann kann man die Pelargonien ohne Erde und ohne Gießen auf Wäscheleinen gehängt überwintern. Im Frühjahr werden sie wieder eingetopft und in die Wärme gestellt.

127

Der Seidenbaum ist ein Klimawandel-Gewinner. Er kann in milden Gegenden mittlerweile überwintern.

Fotos © Christoph Böhler

DER NEUE TOSKANA-GARTEN

LEBEN IST VERÄNDERUNG! EIN GARTEN IST NIEMALS FERTIG!

Zwei Weisheiten, die ich für meinen Garten mehr oder weniger beherzige. Deshalb wird immer wieder ergänzt und verändert, ausgegraben und umgepflanzt, abgerissen und umgebaut. Mein Paradies bleibt lebendig und es macht mir und den Besuchern Spaß. Meist ist die Veränderung im Garten aber eine nicht geplante. Dort, wo seit 2015 mein Toskanagarten ist, war ursprünglich einmal der Gemüsegarten geplant. Der Standort war ideal, aber der Boden nicht.

Gemüsegärten sollten immer möglichst nah beim Haus, aber an der sonnigsten Stelle des Gartens angelegt werden. Aber auch der Boden muss passen. Humose, lockere Erde – das ist es, wo die grünen Vitamine bestens gedeihen. Ist der Boden dagegen staunass und extrem schwer, dann ist es besser, einen anderen Standort zu wählen, so man nicht die gesamte Erde austauschen will. Aus diesem Grund wanderte mein erster Gemüsegarten und ein Stück Rasen blieb. Richtig gestaltet war dieser Ort nicht, denn alle Pflanzungen waren mehr oder weniger zufällig passiert. Es fehlte der „große Plan".

Der Toskana-garten ist ein Exoten-Paradies.

Fotos © Christoph Böhler

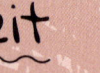

Tipp für die Gelassenheit

Das Pflaster als Regenwasserspeicher

Versiegelte Flächen werden in städtischen Bereichen zu einem immer größeren Problem. Einerseits wegen der Hitzeentwicklung, andererseits aber auch wegen der großen Regenmengen, die von diesen Flächen in die Kanalisation gehen und letztlich vor Ort als Wasser für den Boden fehlen. Daher sollten Naturgärtner bei der Wegebefestigung auf einen Unterbau aus Kies und Sand setzen. Das ermöglicht das Versickern von Oberflächenwasser und schafft gleichzeitig Lebensraum – für Pflanzen und Tiere. Wer in Folge geschickt und nur punktuell den Wildwuchs eindämmt, kann damit einen Blühaspekt „am Wegesrand" erzielen. Felsennelken, Königskerzen, Thymian, Salbei – alle schon bekannten mediterranen Kräuter gedeihen hier und säen sich selbst aus.

#tippfürdiegelassenheit

SITZPLÄTZE, KÜBELPFLANZEN UND ITALIENISCHES FLAIR

Die Idee für den Toskanagarten reifte, denn es war klar: Wir brauchten mehr Fläche für Sitzplätze, denn die vielen Besucher hatten auf der mit Kübelpflanzen übervollen Terrasse einfach keinen Platz mehr. Also hieß es 2015, zu planen und ans Werk zu gehen.

Mehrere Varianten standen zur Debatte und scheiterten oft an der Tatsache, dass zu viele lieb gewonnene Gehölze hätten weichen müssen. Nach einiger Zeit stand fest: Nur eine große Lösung bringt die Verbesserung. Daher wurde die gesamte Fläche geräumt und ein gepflasterter Platz mit vier Beeten geschaffen, der genug Raum für Sitzmöglichkeiten und für Kübelpflanzen lässt.

Insgesamt ist das neue Gartenzimmer eine streng abgegrenzte Fläche geworden, einerseits durch Mauern, andererseits durch Staudenbeete und einen geschnittenen Hainbuchbogen. Die Mauern sind gleichzeitig die Rückwand von Holzlager und Umtopfhaus – so hat alles auch eine Funktion. Und die beiden kleinen

„Follies" – so nennt man in der Englischen Gartengestaltung Gebäude, die eigentlich keine richtige Funktion haben – sind bei uns nicht unnütz: In einem ist die Gartendusche untergebracht und im zweiten soll einmal die Wärmepumpe für die Hausheizung versteckt werden.

Ansonsten lebt der Gartenteil von den vielen Kübelpflanzen. **Hanfpalme** (*Trachycarpus fortunei*), **Oleander** (*Nerium oleander*), Oliven in verschiedenen Sorten und dazu natürlich auch Zitrus – das macht den Traum vom Süden aus. In den geometrischen Beeten ist Jahr für Jahr eine andere Bepflanzung zu finden. Im Frühjahr sind es viele Zwiebelblumen, im Sommer eine Mischung aus Sommerblumen und Stauden, ergänzt mit einigen ausgepflanzten tropischen Topfblumen.

Mein Gartenschatz

POMERANZE (*Citrus × aurantium*)

Pomeranzen, Orangen, Zitronen, Limetten, Mandarinen, Grapefrüchte oder Kumquat – das sind nur einige der Zitrusgewächse, die meine Terrasse schmücken. Aus der Bitterorange oder Pomeranze lässt sich Orangenmarmelade herstellen.

Früchte: Orangenähnliche Früchte, mit dicker, unebener Schale

Kultur: Wie alle Zitruspflanzen lieben sie Sonne; im Sommer ausreichend Dünger und Wasser; nicht zu große Töpfe, sonst Staunässe; Erdgemisch aus Humus, Lavagrus, Bims, Tongranulat und Sand; ab Ende August nicht mehr düngen, ab Ende September deutlich weniger gießen und im Winter beinahe trocken und kühl überwintern.

Besonderheit: Vermutlich als Hybride zwischen **Pampelmuse** (*Citrus maxima*) und **Mandarine** (*Citrus reticulata*) entstanden.

#meingartenschatz

Pomeranze (*Citrus × aurantium*).

Foto © Jiraporn Tanjaipetch/Shutterstock.com

Foto © GartenAkademie.com

WIE ENTSTEHEN GÄRTEN ODER NEUE GARTENTEILE?

Zuerst ist die Idee. Diese kommt aus Büchern, Zeitschriften, TV-Sendungen und natürlich von Gartenreisen. Denn jeder Besuch in einem Garten bringt die eine oder andere Idee. Manchmal große, manchmal kleine. Früher hieß es für einen Gärtner immer: ohne Notizbuch und Bleistift darfst du nicht in den Garten gehen. Neue Sorten, neue Beetgestaltungen oder neue Dekorationsideen, das alles wurde in Worten und Skizzen festgehalten. Heute ersetzt das Notizheft das Smartphone. Zehntausende Bilder und viele Seiten an Notizen können darin gespeichert werden. Die Daten sollten allerdings doppelt gesichert sein, damit nichts verloren geht, wenn einmal das Handy den Geist aufgibt. Egal, was der Auslöser für die Umgestaltung ist, es sollte ein Ziel definiert werden. Eine gelungene Gestaltung schafft neue Räume, ohne dass sie im Garten fremd wirken. Außerdem sollte die richtige Bepflanzung im Mittelpunkt stehen. Nicht der Bodenbelag oder die Gartengarnitur schaffen das grüne Glück, sondern die Pflanzen. Im Hinblick auf das sich ändernde Klima heißt es hier, einerseits wassersparend zu planen, andererseits für natürlichen Schatten zu sorgen. Denn Bäume und Sträucher liefern den besten Schatten, verdunsten sie doch viel Wasser und kühlen damit die Luft. Ein gut geplanter Sitzplatz im Grünen ist an heißen Sommertagen genauso attraktiv wie im Frühling und im Herbst.

Weise Erkenntnis

Alte Ziegel: Charme, aber Frostgefahr

Umweltfreundlich Gärtnern heißt auch vorhandenes Material nutzen. Bei uns zum Beispiel waren das alte Waschbetonplatten und viele alte Ziegel. Die Platten sind verkehrt herum verlegt in den Wegen eingebaut worden und aus den Ziegeln wurden Mauern. Hier heißt es allerdings aufpassen, denn nicht frostfeste Ziegel lösen sich allmählich auf, wenn sie Regen und Frost ausgesetzt sind. Ein Regenschutz durch kleine Dächer oder Klinkerziegel als Abdeckung können das verhindern und der Charme der alten Wände bleibt lange erhalten.

#weiseerkenntnis

Gartenirrtümer

Die Mauer bremst den Wind

„Walled Gardens" – die ummauerten Gärten – kennen wir aus England. Sie sollten schon damals das Kleinklima beeinflussen. Denn in den geschützten Gartenbereichen war es deutlich wärmer. Genutzt wurde das Sonnenlicht, das die Ziegelmauern erwärmte. Windschutz bieten solche Mauern nur wenig, denn der Wind fließt bei festen Objekten über die Mauer und fällt unmittelbar danach nach unten. Pflanzt man jedoch dichte Hecken, dann bricht der Wind und dahinter ist nicht einmal mehr ein Lüftchen zu spüren. Eine Kombination aus beiden ist freilich der beste Windschutz. Dabei wird der Mauer in Hauptwindrichtung ein dichter Gehölzstreifen vorgepflanzt, der eine erste Brechung des Windes mit sich bringt und so auf das Kleinklima positiv einwirkt.

#gartenirrümer

GARTENREISEN

#therealplogardentour

Scotney Castle in der Englischen Grafschaft Kent (in der Nähe von Lamberhurst) gehört zu den romantischsten Anlagen, die der National Trust betreut, eine Vereinigung, die sich um das kulturelle (Garten-)Erbe des Landes kümmern.

EIN DORNRÖSCHENSCHLOSS ALS KULISSE

Die Anlage aus dem 15. Jahrhundert befindet sich auf einer kleinen Insel in einem See und ist heute teilweise eine Ruine. Diese wurde allerdings so gesichert und restauriert, dass sie zusammen mit Rosen, Blauregen und Clematis einen neuen Gartenteil bildet und das Anwesen zu einem der verträumtesten des Landes macht. Im Gelände findet man eine große Sammlung an Rhododendren und Azaleen sowie herrliche Ausblicke in die Landschaft. Das Haus war schon oft Kulisse in Filmen und es gibt immer wieder Theater- und Konzertveranstaltungen im Freien. Neben dem alten Haus steht ein Herrenhaus, das die letzte Besitzerin auch dem National Trust übergab und das seit 2007 ebenfalls zugänglich ist.

Scotney Castle
Täglich geöffnet
(Zeiten können sich aber kurzfristig ändern)
www.nationaltrust.org.uk

KENT COUNTY IN ENGLAND 2015

Fotos © Karl Ploberger

Amphoren sind schon seit Jahrtausenden Bestandteile mediterraner Gärten.

GARTENFRAGEN ZUM MEDITERRANEN SITZPLATZ

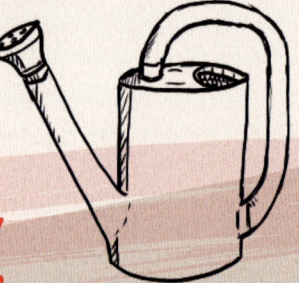

❀ **Kann man bei einem Zitronenbaum, den man aus Kernen gezogen hat, einmal Früchte erwarten? Unserer ist zehn Jahre alt, wächst enorm und hat noch nie geblüht!**

Ja, die Blüte wird kommen – nach 12 bis 15 Jahren. Ab diesem Zeitpunkt kann man nachhelfen, um die Blüte auszulösen, indem man den Baum einige Wochen bewusst welk werden lässt. Danach wieder gießen und er sollte blühen.

❀ **Welchen Dünger verwenden Sie für Ihre Zitrusbäume? Die sehen so kräftig und gesund aus.**

Ich verwende im Frühling einen organischen Volldünger – meist gemischt mit einem Rhododendrondünger (wegen des Schwefelanteils), um den Kalkgehalt zu reduzieren. Im Sommer dünge ich wöchentlich zwei- bis dreimal flüssig. Ab Ende August wird das Düngen eingestellt.

❀ **Welche Erde ist sinnvoll in einem Beet mit mediterranen Pflanzen wie Rosmarin, Thymian etc.?**

Dachgartensubstrat, denn diese Pflanzen lieben mineralische Böden, die das Wasser gut ableiten. Staunässe verursacht rasch Fäulnis im Wurzelbereich. Wenn Sie die Erde mit Kies, Splitt und grobem Sand mischen, erreichen Sie auch einen guten Wasserabzug.

❀ **Meine Hanfpalmen sind nun schon so groß, dass ich sie praktisch nicht mehr überwintern kann. Erfrieren sie im Freien?**

Grundsätzlich sind Pflanzen, die langjährig im Topf stehen, nicht so abgehärtet und haben auch einen sehr kompakten kleinen Wurzelstock. Die Palme wird nur in einem extrem milden Klima (kaum Frost im Winter) überleben. Besser ist es, junge Hanfpalmen auszupflanzen und in den ersten Jahren gut zu schützen.

In diesem Garten fühlen sich neben Menschen auch die Vögel wohl.

🌸 Bringt es etwas, wenn man alte, einmal gebrannte Ziegel mit Steinöl behandelt? Sind sie dann frostfest?

Mit einer einzigen Behandlung sicherlich nicht. Das Einölen muss mehrmals und auch immer wieder erfolgen, da das Öl stark einzieht und letztlich doch wieder Feuchtigkeit in den Ziegel eindringen lässt. Besser ist ein Regenschutz durch gebaute Abdeckungen.

🌸 Kann ich den Oleander zurückschneiden? Er ist viel zu groß. Wann ist der beste Zeitpunkt?

Grundsätzlich kann man den Oleander stark schneiden, am besten gleich im zeitigen Frühjahr, und danach auch den Wurzelballen verkleinern und umtopfen. Die Wahrscheinlichkeit, dass er in diesem Jahr blüht, ist aber geringer, außer es gibt einen extrem heißen und sonnenreichen Sommer.

🌸 Kann man große Rhododendren stark zurückschneiden? Sie wachsen allmählich einen Sitzplatz zu!

Ja, Rhododendren können bis ins alte Holz zurückgeschnitten werden. Am besten im zeitigen Frühjahr, dann ist der Austrieb besonders stark. Oder gleich nach der Blüte. Alte Rhododendren lassen sich auch gut von unten ausschneiden, und so entsteht ein Dach aus Blättern und Blüten. Die Pflanzen dann mit Schattenstauden (Farne etc.) unterpflanzen.

🌸 Welche Erfahrungen haben Sie mit der Garten-Bitterorange? Ist sie wirklich frostfest und kann man die Früchte verwenden?

Poncirus trifoliata, die dreiblättrige Orange, auch wird die Kübelpflanze irreführend Bitterorange genannt, ist eine so gut wie immer frostfeste Pflanze. Sie wächst zu Beginn langsam und benötigt einige Jahre bis zum Blühen. Später aber ist sie extrem wuchskräftig und Jahr für Jahr voller Blüten und Früchte. Die Früchte sind sehr bitter und sauer und de facto nicht essbar. Vorsicht! Diese Pflanze hat bis zu 4 cm lange Dornen.

🌸 Gibt es eigentlich eine wirklich winterharte Olive? Mir gefällt das silbrige Laub als Bepflanzung beim Schwimmteich.

Richtig winterhart ist keine Olive, aber es gibt frostfeste Sorten, wie 'Bianchera', die in Slowenien und im Friaul auch die kalten Borawinde übersteht. Als Ersatz mit sehr ähnlichem Laub bietet sich die Weidenblättrige Birne (*Pyrus salicifolia*) an. Sie ist absolut winterhart.

🌸 An meinem Oleander sind im Frühjahr viele Schildläuse. Kann ich da etwas dagegen tun? Im Sommer sind sie meist kein Problem mehr.

Einzige Maßnahme, die gesetzt werden kann, ist das Sprühen von Rapsölpräparaten vor dem Einräumen im Herbst. Das Öl verstopft die Atemöffnungen der Schildläuse und anderer Schädlinge.

135

Wer neue Rosensorten während der Blütezeit auswählt, kann sich auch gleich für seinen Lieblingsduft entscheiden.

Fotos © Christoph Böhler

ROSENTRÄUME WERDEN WAHR

WIE IM MÄRCHENSCHLOSS UND VOLLER DUFT

Rosen gehören schon immer zu meinen Lieblingspflanzen. Egal ob Bodendeckerrosen, Edelrosen oder Strauchrosen – ohne sie geht es im Garten nicht.

Doch eine große Rosengruppe gehört bei mir, dem „faulen Gärtner", zu den Favoriten: die Ramblerrosen. Die ersten Schlingrosen, wie sie früher hießen, eroberten bei mir die Wildsträucherhecke. Zuerst zaghaft, dann aber mit einer ungeheuren Wucht. Dicke Triebe wuchsen aus den Wurzelstöcken und schmückten die großen Gehölze im Juni mit ihrem Blütenkleid.

RAMBLERROSEN FÜR INTELLIGENTE FAULE GÄRTNER

Besonders apart sehen Ramblerrosen in großen alten Bäumen aus. Die gab es zwar bei mir nicht, aber dank eines schnell wachsenden Nussbaums konnte auch ich bei mir im Garten einen „Rosenbaum" verwirklichen. 'Paul's Himalayan Musk' erobert seit 2016 mit ihren zartrosa und intensiv duftenden Blüten den Nussbaum, der das problemlos verkraftet und auch noch jedes Jahr viele Nüsse liefert.

Die am stärksten wachsende Ramblerrose ist bekanntlich 'Kiftsgate', benannt nach dem gleichnamigen Schloss in England, wo diese Pflanze als Zufallssämling entdeckt wurde. Sie wächst sicherlich am gewaltigsten und macht in einem Jahr Triebe bis zu zehn (!) Meter. Freilich erst, wenn sie gut eingewurzelt ist.

Generell sind alle Ramblerrosen extrem wuchskräftig. Das zeigte sich bekanntlich bei unserem Gartenhaus (siehe 2009: „Ein Häuschen im Grünen"). Oder auch im Toskanagarten, wo eine **Büschelrose** (*Rosa multiflora*) das Dach völlig erobert hat und zur Rosenblütezeit zum Blickpunkt wird.

Fotos © Christoph Böhler

„Ist eine Rose sehr gesund, duftet sie meist nicht stark, und umgekehrt, ist ihr Duft betörend, ist sie meist nicht sehr robust."

Tipp für die Gelassenheit

Nur wenig Kletterhilfe für Ramblerrosen

Sie wachsen stark, müssen nicht geschnitten werden und sind gesund, wie man sich Rosen eben wünscht. Dennoch brauchen die Ramblerrosen beim Wuchs in einen Baum ein wenig Hilfe, dann kann man wieder „faul" sein. Als Schutz vor dem Wurzeldruck durch das Gehölz, auf das sie einmal wachsen soll, muss das Pflanzloch groß genug sein. Es sollte gut 80 cm vom Stamm weg gegraben werden. Dabei die Wurzeln des Baums abschneiden und an der Seite zum Baum einige Holzbretter als Wurzelschutz in der Anfangsphase einbauen. Nun ein paarmal kräftig gießen, und wenn die Rose dann zu wachsen beginnt, die Äste in die Krone leiten. Nach zwei, drei Jahren ist die Ramblerrose so kräftig, dass sie sich allein durchkämpft.

#tippfürdiegelassenheit

NICHT ALLE WACHSEN IN DEN HIMMEL

Neben Ramblerrosen, die in den Himmel wachsen, gehören einige Strauchrosen zu meinen Lieblingen. Sie sind großteils aus der Kategorie „Historische Rosen" und blühen ein Mal. Da allerdings besonders üppig und vor allem mit einem betörenden Duft. Der Schmuck durch die Hagebutten im Herbst ist Belohnung für die Durststrecke, die andere Rosen mit Blüten füllen. So zum Beispiel die Bodendeckerrosen, die sich offenbar ein paar Anleihen von den Ramblerrosen genommen haben. Sie wachsen zum Teil so stark, dass man ihnen tatsächlich viel Raum geben muss, um nicht ständig zur Schere greifen zu müssen. In großen Gärten werden Bodendeckerrosen im Frühjahr oft mit Rasenmähern oder Motorsensen geschnitten. Wenige Wochen danach bedecken sie bereits wieder große Flächen. Das wirklich Fantastische an diesen Rosen ist ihre Gesundheit. Es treten kaum Probleme mit Sternrußtau oder Rosenrost auf, allerdings fehlt ihnen eines: der Duft.

ROSENSCHNITTREGELN VON FERGUS GARRETT

Im Spätwinter, wenn die Forsythie blüht, werden die Rosen geschnitten. Aber bitte nicht einfach drauflosschneiden! „Fühlen Sie sich in die Pflanze hinein", lautet die eindringliche Botschaft, die Fergus Garrett, Headgardener in Great Dixter, immer und immer wieder bei seinen Kursen predigt. Egal, welchen Baum oder Strauch, egal, welche Rose oder Kletterpflanze man schneidet, zuerst heißt es folgende Frage zu beantworten: Auf welchem Holz blüht die Rose? Blüht sie auf den einjährigen Trieben (wie die Edelrosen) oder auf dem alten Holz (wie die Wildrosen und viele der historischen Rosen)? Fergus rät zudem auf die Rindenfarbe zu achten. Manchmal ist das alte Holz dunkel und das neue hell, manchmal aber auch umgekehrt. Hier heißt es, Erfahrung zu sammeln. Damit kommt man zu Schritt 2: Das Abgeblühte herauszuschneiden. Auch wenn das manchmal endlos erscheint, dabei bekommt man aber für die Pflanze ein Gefühl, erkennt ihre Schwachstellen und ihre Stärken und sieht, wo sie Licht braucht und wo sie überschwänglich wächst.
Schritt 3 ist ähnlich langwierig: Alle schwachen Triebe werden entfernt, doch gibt es hier schon die ersten Einschränkungen, denn, so Fergus: „Ist der Wuchs insgesamt schwach, muss man manche dünnen Triebe erhalten."

Foto © Karl Ploberger

Mein Gartenschatz

KARL-PLOBERGER-STRAUCHROSE
(*Rosa* sp. 'Karl Ploberger Strauchrose')

Es war schon eine große Ehre, als diese Strauchrose auf meinen Namen getauft wurde. Noch größer war die Freude aber, als diese Rose zu einer „ADR"-Rose wurde. Es ist dies die höchste Auszeichnung, die eine Rose erlangen kann, was Robustheit, Duft und Wuchsfreude betrifft.
Blüte: Groß, gelb, stark duftend
Kultur: In den ersten Jahren etwas kräftiger schneiden, damit die schlank nach oben wachsenden Triebe eingebremst werden. Verblühte Blüten immer ausschneiden, dann entwickelt sich eine zweite Blüte.
Besonderheit: Besonders wuchskräftig; bis zu 2 m hoch und bei genügend Fläche einen Durchmesser von 2 m.

Strauch- und Beetrosen
ergänzen einander perfekt.

Foto © GartenAkademie.com

Schritt 4 ist dann maßgeblich für die Formgebung. Hier wird darauf geachtet, wie man Licht und Luft in den Rosenbusch bringt. Das gilt aber genauso bei anderen Gehölzen wie Kletterpflanzen, Sträuchern oder sogar Bäumen. Und das führt zu Schritt 5: dem Verjüngen. Oft zeigt sich nach den ersten vier Schritten bzw. Schnitten, dass die Pflanze überaltert ist und dringend vitaler wachsen muss. Hier gilt es, ganze Äste bodeneben herauszunehmen und danach gleich mit Kompost und organischem Dünger zu versorgen. Die Rose beginnt wieder kräftig zu wachsen und verjüngt sich. Denn eines steht fest: Rosen vergreisen nicht, wenn man sie vital hält! Ähnlich wie bei uns Menschen …

KEIN SCHNITT BEI RAMBLERROSEN

Einmal gepflanzt, benötigen Ramblerrosen nur in den ersten Monaten Unterstützung durch Gießen und Aufbinden. Sind sie einmal eingewachsen, dann ist nichts mehr zu tun. Schneiden ist unmöglich, weil die stark bedornten Äste sich in den Zweigen von Gehölzern festhalten. Stirbt ein Trieb ab oder friert er zurück, dann fällt er nach einiger Zeit von selbst ab und kann auf den Kompost gebracht werden.

Gartenirrtümer

Efeu zerstört Hauswände

So wie bei Bäumen oder Holzhäusern gilt auch bei einer Wohnhausfassade eines gemauerten Hauses: Der Efeu zerstört nichts, was nicht schon davor kaputt war. Risse, lockeres Mauerwerk oder durchfeuchtete Wände sind allerdings für den Efeu ein Paradies. Dort beginnt er gleich wieder zu wurzeln und zerstört in diesem Fall tatsächlich die Wände. Intaktes Mauerwerk aber wird durch Efeu nicht beschädigt.

#gartenirrümer

Foto © Eugenia Vysochyna/Shutterstock.com

Weise Erkenntnis

Die Macht des Blauregens

Eine jener Pflanzen, die im Mai in britischen Gärten immer die Blicke auf sich zieht, ist der **Blauregen** (auch Glyzinie, *Wisteria* sp.). Perfekt gezogen an Hauswänden, Balkonen und Pergolen zeigt er sich in seiner vollen Blütenpracht. Doch diese Kletterpflanze benötigt zweimal im Jahr vollste Aufmerksamkeit. Im Juli/August werden die neuen langen Triebe auf gut einen halben Meter zurückgeschnitten, im Februar wird die Kletterpflanze noch einmal durchgeputzt, alles dünne Holz entfernt und die Blütentriebe auf zwei bis drei Augen reduziert. So baut sich ein kräftiges Gerüst aus Blühholz auf, das Jahr für Jahr blüht. Auf eines heißt es bei der Glyzine aufpassen: Dachrinnen, Geländer oder Blitzableiter, auch wenn sie noch so robust erscheinen, können von dieser Pflanze regelrecht zermalmt werden.

#weiseerkenntnis

GARTENREISEN

ALBRIGHTON
IN ENGLAND
2016

David Austin ist der Vater der Englischen Rosen. Er hatte einst die Idee, die alten, historischen Rosen mit ihren großen duftenden Blüten mit den wuchskräftigen und mehrmals blühenden Edelrosen zu kreuzen. Herausgekommen ist eine Erfolgsgeschichte mit über 200 Rosen. Der Schaugarten des Züchters in *Albrighton* in England ist wie ein begehbares duftendes Rosenbuch, das man durchwandert.

DIE DUFTENDE WELT DER ENGLISCHEN ROSEN

Auf nicht ganz 10.000 m² sind mehr als 700 Rosensorten in zahlreichen Exemplaren ausgepflanzt – immer auch mit dem Hintergrund, dass man sich Gestaltungsideen für den eigenen Rosengarten mit nach Hause nehmen kann. Strauchrosen, Kletterrosen, aber auch viele Rosen in Töpfen kann man hier bewundern. Höhepunkt der Rosenblüte ist (natürlich witterungsabhängig) im Frühsommer. Aber es gibt selbst im Hochsommer hier noch zahlreiche „rosige" Momente.

David Austin Roses Ltd.
Albrighton, Wolverhampton
Täglich geöffnet
www.davidaustinroses.com

Gertrude Jekyll
(Ausbord)
English Old Rose Hybrid

Welcome to
DAVID AUSTIN® ROSES
Plant Centre and Gardens

← ENTRANCE   EXIT →

Fotos © Veronika Schubert

Kleinblütige Sorten blühen meist über einen langen Zeitraum.

Foto © SusaZoom/Shutterstock.com

GARTENFRAGEN ZU ROSEN

 # livegartentipps

🌸 **Wieso werden bei uns die Rosen anders gepflanzt als in England?**

Das ist tatsächlich so! Bei uns kommt die Veredelungsstelle unter die Erde (etwa eine Handbreit), in England bleibt sie über der Erde. Das hat mit der Witterung zu tun. In England wird es nie so kalt, dass Rosen zurückfrieren.

🌸 **Kann man Ramblerrosen auch als Kletterrose an der Hauswand hochwachsen lassen?**

Ja, sicherlich, allerdings mit einem sehr stabilen Klettergerüst, denn die Ramblerrosen sind extrem wuchskräftig und werden kaum geschnitten. Je nach Höhe der Fassade sollte man die Wuchskraft der Rose wählen. Besonders attraktiv sind die neuen nachblühenden Ramblerrosensorten. So hat man mehrmals Freude an den Blüten.

🌸 **Welche Rosen eignen sich für das Staudenbeet? Viele meiner Beetrosen sind dort regelrecht „erstickt".**

Ja, das ist genau das Problem, denn Rosen wollen einen luftigen Standort, auch nehmen die Stauden den Rosen die Nährstoffe weg. Daher gibt es im Staudenbeet die Möglichkeit, entweder Stammrosen zu verwenden oder Strauchrosen. Auch Obelisken mit Kletterrosen eignen sich in einem Staudenbeet.

🌸 **Gibt es ein wirksames Mittel gegen Blattläuse?**

Das beste Mittel ist die ökologische Ausgewogenheit im Garten, denn Marienkäfer, Marienkäferlarven und Vögel sind große Blattlausvernichter. Ansonsten mit Schmierseifenwasser (1 Esslöffel auf 1 Liter Wasser) die befallenen Stellen besprühen. Sehr wirkungsvoll sind auch die neuen auf Orangenöl basierenden Spritzmittel.

Strauch- und Ramblerrosen benötigen viel Platz, um sich ungehindert auszubreiten.

🌸 Wie kann man Pilzkrankheiten an Rosen wirkungsvoll bekämpfen?

Das beginnt mit der richtigen Auswahl robuster Pflanzen, dem richtigen Standort und der ausgewogenen Düngung. Unterstützen kann man mit Schachtelhalmextrakt und Effektiven Mikroorganismen. Wöchentlich damit sprühen.

🌸 Welche Pflanzen passen in ein mit Bodendeckerrosen bepflanztes Beet, damit auch im Frühling Blüten vorhanden sind?

Hier würde ich Zwiebelblumen wählen. Narzissen in kleinen Gruppen, Prärielilien oder Zierlauch zwischen die Rosen gepflanzt, liefern vom zeitigen Frühjahr bis in den Juni Blüten, ehe dann die Rosenblüte beginnt. Später könnte man Monbretien und Gladiolen setzen.

🌸 Kann man Strauchrosen klein halten? Ich habe leider nicht so viel Platz.

An sich ja, allerdings verliert man eine große Fülle an Blüten, denn erst durch die vielen langen Äste kann man eine große Blütenpracht erwarten.

🌸 Wie oft sollte man die Ramblerrosen düngen?

Im Prinzip nur in den ersten Jahren, denn diese Pflanzen bilden eine Pfahlwurzel und versorgen sich praktisch selbst, wenn es sich um einen tiefgründigen, lehmigen Boden handelt. Bei Schotterböden auch in den Folgejahren immer wieder düngen, hier finden die Rosen oft zu wenig Nährstoffe.

🌸 Bringt es etwas, wenn man Rosen in die im Handel angebotene Rosenerde setzt?

Zur Verbesserung von sehr schweren Böden ist sie geeignet, genauso wie in extrem schottrigen Böden. Grundsätzlich lieben Rosen aber Lehm und etwas Kompost; den Torf, der leider in vielen Rosenerden zu finden ist, mögen sie eigentlich nicht.

🌸 Kann man zu Strauchrosen andere Pflanzen setzen, um die Blühzeit ein wenig zu verlängern?

An sich würden sich ganz schwach wachsende, herbstblühende Clematis eignen. Die Bepflanzung kann aber bei zu dichtem Laubwerk zu Pilzerkrankungen führen. Ich würde die Rose allein stehen lassen.

143

Das Jahr
2017

Foto © Christoph Böhler

Foto © pixfix/Shutterstock.com

WELT DER KRÄUTER

IM REICH DER GEWÜRZPFLANZEN UNTERWEGS

Kräuter- und sogenannte Apothekergärten waren wohl die ersten Gärten, die in Europa entstanden – auch bei uns. Kaum waren wir eingezogen, standen schon die Töpfe voll mit Kräutern rund ums Haus: Schnittlauch, Petersilie, Basilikum und viele andere würzige Pflanzen. Danach startete ich einen Versuch mit einer Kräuterspirale, um schließlich die Pflanzen 2017 wieder in Töpfe zu pflanzen. Es entwickelte sich rasch die Sucht nach neuen Würzkräutern, und aus der Sammlung der traditionellen Küchenkräuter wuchs eine bunte Mischung an Gewürzpflanzen aus aller Welt.

KRÄUTERHÜGEL WIRD ZUM MINZKOGEL

Der erste Versuch, einen Kräutergarten anzulegen, war ein Trockenbeet, gleich in der Nähe der Küche. Keine Kräuterschnecke, sondern ein Kräuterhügel. Aufgebaut mit Ziegeln, viel Splitt und nur etwas Sand entstand ein Paradies für die mediterranen Kräuter. Thymian wucherte, Salbei wuchs, als ob es kein Morgen gäbe, und Rosmarin fühlte sich wie daheim an der Küste Italiens. Ein Fehler, den ich damals gemacht habe: Am Rand, dort wo wieder eine humusreiche, eher feuchtere Erde war, pflanzte ich Minze. Und entgegen allen Fachhinweisen zu den Lebensbereichen einer Kräuterspirale hielt sich die ausläufertreibende Minze natürlich nicht daran, nur in der feuchten Erde zu wachsen. Nach einem regenreichen Sommer gab es keinen mediterranen Trockenhügel mehr, sondern einen dicht bewachsenen Minzkogel.

Foto © Bildagentur Zoonar GmbH/Shutterstock.com

Foto © Tatjana Michaljova/Shutterstock.com

„Lange Jahre wollte der Dill nicht wachsen, dann warf ich die Samen einfach in den Gemüsegarten und ließ die Pflanzen dort keimen, wo sie wollten. Genauso ist es mir auch mit Fenchel ergangen. Der Tee-Fenchel lockt mit seinen Doldenblüten viele Insekten an und sollte als Bronze-Fenchel im Staudenbeet einen festen Platz haben.“

Genügsame Kräuter fühlen sich auch im platzsparenden Palettengarten wohl.

Foto © GartenAkademie.com

Tipp für die Gelassenheit

Der Kräutergarten im Kisterl

Es heißt ja, dass „der kleinste Garten der Blumentopf ist". Das gilt ganz besonders bei den Kräutern. Lange Zeit gab es bei uns Diskussionen: Die Kräuter sind zu weit weg von der Küche. Jetzt wachsen die würzigen Pflanzen, schön sortiert nach ihren Bedürfnissen, in verschiedenen Kisterln. In einem Kisterl sind alle Nährstoffe liebenden Küchenkräuter wie Schnittlauch, Petersilie, Pimpinelle, Estragon und Rauke. Dann gibt es – je nach Vorlieben – Kästen mit Teekräutern wie Zitronenverbene, Ananasminze, Gewürztagetes und Honigmelonensalbei. Der große Vorteil der Kisterlkräutergärten: Sie lassen sich jedes Jahr verändern.

#tippfürdiegelassenheit

AUS ALLER WELT

Als eine der ersten Pflanzen erwarb ich den Szechuanpfeffer. Zuerst war er lange Zeit im Topf, bis ich es schließlich wagte, ihn auszupflanzen. Heute ist er ein stattlicher Baum, der jedes Jahr über und über voll mit seinen köstlichen Beeren ist. Getrocknet sind sie eine Bereicherung in der Pfeffermischung.

Rosmarin gehörte schon immer zu den Pflanzen, die mich begeisterten. Wanderungen an der Küste des Mittelmeers kommen mir in den Kopf, wenn ich an

Foto © Christoph Böhler

meinen Rosmarinstöcken vorbeistreife. Meine ersten Pflanzen überlebten aber gerade ein Jahr und gingen dann im Februar zugrunde. Zu viel Torf, zu viel Humus und zu viel Feuchtigkeit, die sich in dieser Erde hielten. Heute weiß ich, dass Rosmarin gleich nach dem Kauf in eine durchlässige Erde gepflanzt werden muss. Schließlich wagte ich eine Überwinterung im Freien. Die Sorte 'Arp' gehörte zu jenen Sorten, die tatsächlich einige Jahre im Freien überdauern können, genauso wie 'Veitshöchheim' und 'Boule'. Dennoch war klar: In unserem Klima ist das auf Dauer nicht möglich. Wobei es generell nicht nur auf die Temperatur als vielmehr auf den Boden ankommt. Staunässe, begünstigt in schweren, lehmigen und kalten Böden, ist absolut ungeeignet für diese würzige Pflanze.

WIE SAMMELWUT ENTSTEHT

Schon bei Rosmarin kann einen die Sammelwut befallen. Die harzige Würze, die besonders in der Sommerhitze aufsteigt, bringt die Sucht in Gang. Da gibt es den kleinblättrigen Pinien-Rosmarin oder die Sorten 'Blauer Toskaner', 'Majorca Pink', 'Santa Barbara'. Genau das gilt auch für ein weiteres italienisches Kräutlein, den Salbei. Dutzende Sorten von *Salvia officinalis* gibt es und jede hat ein Aroma, das ein wenig anders ist. Bei Salbei denken die meisten Menschen sofort an Halsschmerzen und an die Heilwirkung des Salbeis als Teekraut. Doch was wäre ein köstliches Saltimbocca ohne Salbei? Der **Dalamatische Salbei** (*Salvia officinalis* ssp. *major*) eignet sich für das Gericht am besten. Aber auch die dekorativen purpurfarbenen oder dreifarbigen Salbeiarten dürfen nicht fehlen. Und schon ist man in der großen Palette der Salbeis bei den Fruchtsorten angelangt: **Ananassalbei** (*Salvia rutians*) und **Honigmelonensalbei** (*S. elegans*) verströmen, ganz anders als der Staudensalbei, ein fruchtiges Aroma und sind nicht winterhart.

Eine besondere Stellung nimmt der **Muskateller Salbei** (*Salvia sclarea* var. *turkestanica*) ein. Er ist eine der schönsten Blütenpflanzen, die in einem mediterranen Kiesbeet gut gedeihen. Auch nachdem längst die Blüte zu Ende gegangen ist, sind die hellblau-rosa Blütenhüllblätter ein Blickfang.

Mein Gartenschatz

BASILIKUM (*Ocimum basilicum*)

Blickt man einige wenige Jahrzehnte zurück, so war Basilikum kaum populär. Heute gibt es Dutzende Sorten. Von den Fruchtsorten mit Zitronen-, Zimt- oder Anisaroma über die Thaisorten bis hin zu den ausdauernden Sorten, die ich besonders schätze, weil sie auch ein wenig Faulheit zulassen.

Blätter: Je nach Art und Sorte sehr unterschiedlich, einjähriges *Ocimum basilicum*: weiches, hellgrünes großes Laub

Kultur: „Mimose"; zu wenig Wärme und es kümmert, zu wenig Sonne und es hört zu wachsen auf, und ein paar Tage mit zu viel Wasser und das Basilikum stirbt; Vermehrung durch Stecklinge im Frühjahr

Besonderheit: Strauchbasilikum-Sorte 'African Blue' (Kilimandscharo-Basilikum) mit dekorativen Blüten ein Magnet für Insekten

#meingartenschatz

Foto © GSDesign/Shutterstock.com

147

Foto © Edward O'Neil/Shutterstock.com

Gartenirrtümer

Kleine Gärten – keine Chance auf Ernte!

Mein kleinster Garten war einst ein Balkon mit nur 1,5 m². Und schon damals war die Ernte ansehnlich: Zucchini, Gurken, Tomaten, natürlich Kräuter und dazu noch ein Bäumchen mit Zitronen. Das alles hatte Platz. So sind auch in den heute oft sehr kleinen Reihenhausgärten oder auch auf Balkonen und Terrassen sehr attraktive Ernten möglich. Besonders eignen sich für solche Gartenbereiche die Tisch- und Hochbeete, die auch entgegen der Fruchtfolge sich jährlich wiederholende Bepflanzungen möglich machen, wenn man die Erde erneuert oder austauscht.

#gartenirrümer

Weise Erkenntnis

Nie zu viele Pflanzen von einer Art anbauen

Es liegt nun schon ein paar Jahre zurück, da entdeckte meine Familie die Rauke zunächst als würziges Beiwerk im Salat, dann als eigenen Salat und schließlich im köstlichen Rucolapesto. Ob die Wilde Rauke, die Wasabi-Rauke oder die Knoblauchsrauke, sie alle liefern diese herrliche scharfe Würze, die an Kresse und Kren erinnert und mit denen sie auch verwandt sind. Was den Ausbreitungsdrang betrifft, haben sie mit dem Meerrettich (Kren) auch etwas gemein. Lässt man die Rauke (vor allem die Wilde Rauke und die Knoblauchsrauke) blühen, dann gibt es Rauke im Überfluss, denn die Pflanzen säen sich bereitwillig aus und ihre würzigen Blätter kommen im Jahr darauf aus allen Pflasterritzen.

#weiseerkenntnis

KULTUR IM BEET UND IN TÖPFEN

Generell sind die meisten Kräuter anspruchslos, ja gedeihen eigentlich dann am besten, wenn man sich wenig um sie kümmert. Oder man lässt sie einfach durch den Garten wandern, wie es der Dill macht. In Töpfen gedeihen Thymian, Salbei und Rosmarin besonders gut. Anderen sagt aber die Beengtheit gar nicht zu. Petersilie, Schnittlauch oder auch die Minzen leiden sehr darunter. Die Gründe sind vielfältig: Nährstoffmangel, Wassermangel und oft auch Lichtmangel lassen diese Kräuter nur kurzlebig Gast im Topf sein. Wichtig ist es daher immer, unterschiedliche Erdmischungen zu wählen: für alle mediterranen Kräuter durchlässige, kiesige und sandige Erden, für die Küchenkräuter dagegen humusreiche, gut wasserspeichernde und nährstoffreiche Substrate.

Knoblauchsrauke *(Alliaria petiolata)*.

Foto © Martin Fowler/Shutterstock.com

#therealplogardentour

UMBRIEN IN ITALIEN 2017

Italienische Gartenlust erlebt man überall im Land, wo die Zitronen blühen. Einer der idyllischsten Gärten befindet sich in **Umbrien:** der **Garten von Signora Fè d'Ostiani,** einer adeligen Dame in Umbrien, deren ein Hektar großes Paradies einen atemberaubenden Blick auf den Trasimenischen See bietet. Besonders beeindruckend ist die naturnahe Gestaltung mit Wildblumenwiesen und einem klassischen Olivenhain.

EIN GARTEN VOLL WÜRZE UND BLÜTEN

Nicht zu übersehen ist ihre Leidenschaft für Englische Gärten, denn das Grundstück wurde in viele kleine Gartenbereiche gegliedert. So entstanden nicht nur romantische Bereiche, sondern auch schattige Stellen, die hier im Sommer besonders wichtig sind. Wie immer in Gärten des Südens ist das Frühjahr, das hier schon Anfang März beginnt, überbordend voll mit Blüten. Zwiebelblumen erblühen in Massen genauso wie viele Kräuter. Generell legt die Signora besonderen Wert auf das selbst gezogene Gemüse, und so ist ihr Küchengarten besonders reichhaltig bepflanzt, aber auch abwechslungsreich gestaltet.

„Giardino sotto gli olivio."

Der Privatgarten ist nur nach langfristiger vorheriger Anmeldung möglich:
E-Mail: danielafedostiani@tiscali.it

Fotos © Karl Ploberger

Ein Kräuterkranz passt
zur Sommersonnenwende.

Foto © Cora Mueller/Shutterstock.com

GARTENFRAGEN ZU KRÄUTERN

❀ Warum wird meine Petersilie immer gelb? Ich habe sie an die unterschiedlichsten Plätze gesetzt und auch die unterschiedlichsten Erden verwendet.

Eine der Hauptursachen für ein schwaches Wachstum bei der Petersilie ist eine zu geringe Bodentemperatur. Säen Sie immer erst Mitte bis Ende Mai, dann hat sich der Boden genug erwärmt. Lassen Sie die Samen in Gläsern, mit Sand vermischt, im Wohnraum vorkeimen, und: Petersilie erst nach vier bis fünf Jahren wieder an denselben Platz setzen.

❀ Gibt es Kräuter, die ich auch in ein Staudenbeet im Garten setzen kann und die dekorativ aussehen?

Ja, klar. Es hängt freilich von den Bodenverhältnissen ab. Bei trockenen, kiesigen Böden eignen sich Thymian, Salbei und auch der Rosmarin. Bei feuchteren, humusreichen Böden sind sogar Küchenkräuter attraktiv. Besonders schön sieht zum Beispiel Fenchel im zweiten Jahr aus. Er bildet bis zu 2,5 m hohe Blütenstände mit attraktiven Doldenblüten.

❀ Meine Zitronenverbene ist nun schon mindestens zehn Jahre alt. Wie alt wird sie generell und kann ich sie auch ins alte Holz kräftig zurückschneiden?

Diese Lieblingspflanze von mir wird sehr alt, sollte aber dennoch immer wieder durch Stecklinge vermehrt werden, weil sie manchmal nach dem Winter plötzlich nicht mehr austreibt. Im Winter fast trocken halten. Dann kräftig zurückschneiden, und erst wenn sich Blätter zeigen, wieder mehr gießen und auch düngen. Nur alle paar Jahre umtopfen.

❀ Ich möchte gern Brunnenkresse im Garten anbauen. Ich habe einen Teich, aber keinen Bachlauf. Geht das trotzdem?

Die Brunnenkresse wächst normalerweise am Uferrand von Bächen. Man sagte immer, in einem sauerstoffreichen Wasser. Doch das ist nicht richtig. Ein wasserdichter, etwas tieferer Topf reicht völlig aus und man kann diese würzige Köstlichkeit auch im Garten ernten. Selbst am Rand eines Biotops ist das möglich. In Schwimmteichen funktioniert es meist nicht, weil das Wasser zu nährstoffarm ist.

Für mediterrane Kräuter ist ein Tontopf die beste Wahl.

Kann ich die ganz normale Gartenkresse (die von den Kresseigeln) auch im Garten anbauen?

Selbstverständlich. Sie ist zum Beispiel als Zwischensaat bei allen Gemüsearten ideal, weil sie rasch den Boden bedeckt. Wächst sie einmal aus, dann nur ausreißen und als Mulch liegen lassen.

Ich habe letztes Jahr – nach Ihrem Tipp – den Rosmarin im Herbst umgepflanzt. Kies, Sand und nur etwas Humus. Die Pflanze ist aber eingegangen, obwohl sie sehr kühl überwintert und wenig gegossen wurde.

Sie haben alles richtig gemacht, nur der Zeitpunkt war der falsche. Rosmarin ist sehr wurzelempfindlich. Ist dann die Temperatur niedrig und das Wachstum schwach, können Wurzelpilze die Pflanze vernichten. Ab sofort im Frühsommer umtopfen.

Kann ich Basilikum auch über einen längeren Zeitraum beernten? Es wächst nach zwei- bis dreimal Abschneiden nicht mehr weiter. Ich kaufe aber Biopflanzen mit großen saftigen Blättern.

Basilikum benötigt sehr viel Sonne, Wärme und auch viele Nährstoffe. Daher von Beginn an verhätscheln und reichlich flüssig düngen.

Meine Minzen haben völlig durchlöcherte Blätter. Was ist hier passiert? Darf ich die Blätter noch ernten?

Der blaue Minzkäfer sollte abgesammelt werden, lässt sich aber sehr schnell zu Boden fallen. Daher auch die Erde absuchen. Bei starkem Befall mit Schmierseifenwasser sprühen und bei trockenem Wetter Urgesteinsmehl streuen. Die scharfen Gesteinsteilchen zerschneiden die Beißwerkzeuge der Tierchen, die die Löcher in die Blätter fressen. Sind keine Tiere mehr da, kann man die Blätter (auch die beschädigten) ohne Gefahr für den Tee (getrocknet und frisch) verwenden.

Kann man Petersilie auch mehrjährig ziehen? Meine beginnt im zweiten Jahr immer zu blühen.

Das ist ganz normal. Die Pflanze bildet normalerweise im ersten Jahr Blätter und Wurzeln und im zweiten Jahr dann Blüten und Samen. So wie das auch Karotte, Sellerie oder Pastinake machen.

Mein Schnittlauch im Topf wächst im ersten Jahr ganz gut, dann aber nicht mehr?

Die Pflanze benötigt immer ein Mal pro Jahr einen Frost, dann beginnt sie wieder zu wachsen. Und aufs Düngen nicht vergessen.

151

Die rotblättrige Sorte des Schwarzen Holunders hat zartrosa Blüten.

DER WALD VERSCHWINDET

WENN PLÖTZLICH DER SCHATTEN WEICHT

Der Klimawandel mit seinen Auswirkungen auf Pflanzen und Schädlinge macht auch vor meinem Garten nicht halt.

Im Garten selbst habe ich die Trockenheit, die im Sommer manchmal über Wochen anhält, gut im Griff. Doch der kleine Wald, der neben meinem Grundstück auf einem Hügel unserem grünen Reich seinen Rahmen gab, der ist fast verschwunden. Wassermangel und Borkenkäfer haben hunderte Bäume innerhalb von ein paar Jahren vernichtet. Und damit hat sich auch der Garten bei uns verändert.

153

Foto © Christoph Böhler

Foto © lcrms/Shutterstock.com

"Waldvilla" – der Name unseres Hauses sagt alles. Doch der einstige dichte Fichtenwald ist seit 2018 verschwunden. Zu wenig Regen, zu viele schädliche Käfer, und ein Baum nach dem anderen musste gefällt werden. Nun lässt man den 10.000 m² großen Hügel mit Laubbäumen natürlich bewachsen. Doch das Kleinklima und die Lichtverhältnisse im Garten erleben eine völlige Veränderung.

Als das Grundstück noch unbebaut war, gab es eine trockene Wiese voller wildem Thymian. Die Hitze legte sich an die Flanken des Waldstücks und ließ diese trockenheitsliebenden Pflanzen regelrecht wuchern. Dann kamen das Haus, der Schatten und die durch den Kellerbau geänderten Grundwasserströme. Über die Jahre hinweg entwickelte sich vor dem Wald ein Schattenweg, der durch die Sammlung an Holunder noch ein wenig schattiger wurde.

„Helleborus foetidus, die offiziell als Stinkende Nießwurz bezeichnete Schneerose, sät sich im Garten selbst aus. Ich nenne sie lieber wie Karl Foerster „Palmblatt-Schneerose". Das macht die attraktive Pflanze auch für Nichtgärtner interessant, denn 'Stinkend' hält viele ab."

Tipps für die Gelassenheit

Schatten ist eine Chance

Wenn Gärten älter werden, ändern sich die Lichtverhältnisse gravierend. Der einstmals sonnige Rasen erlebt durch die wunderbar gewachsenen Bäume nun ein Schattendasein. Statt Gras bedeckt eine dicke Schicht Moos den Boden. Lange Zeit wird dann versucht, durch Vertikutieren, Aufbringen von Sand und natürlich auch Dünger den Rasen zu retten, doch das Scheitern ist meist vorprogrammiert. So nimmt man die Situation einfach hin oder ändert die Bepflanzung. Denn das Grundprinzip des „faulen Gärtnerns" ist: Die richtige Pflanze am richtigen Standort!

#tippsfürdiegelassenheit

Holundersammlung

Den **Holunder** (*Sambucus nigra*) gibt es in zahlreichen Sorten. Der dunkellaubige 'Black Beauty' ist so eine viel zu selten verwendete Zierde. Er ersetzt den empfindlichen Japanischen Ahorn, der vor allem in kalkreichen, schweren und staunassen Böden oft leidet. Gerade unter diesen Bedingungen fühlen sich die Holunder aber wohl. In meiner Sammlung stehen auch gelblaubige, weiß-bunte und Sorten mit gefiederten Blättern. Alle haben Blüten, die viele Insekten anlocken, und Beeren, die großteils als Kompott verwendet werden können. Nur die knallroten Beeren des **Gelben Holunders** (*Sambucus canadensis*) sind für den Menschen ungenießbar, aber trotzdem genauso wie bei allen anderen für die Vögel eine herbstliche Nahrungsquelle. Das ist übrigens mein Dank an sie für die große Hilfe bei der Schädlingsbekämpfung im Sommer!

UNTERPFLANZUNG IM SCHATTENREICH

Schattige Bereiche unter Gehölzen gelten in Gärten immer als schwierig zu bepflanzen, denn der Wurzeldruck der Gehölze, die geringe Feuchtigkeit und das fehlende Licht lassen nur wenige Pflanzen überleben. Viele frühjahrsblühende Zwiebelblumen fanden hier ihren Platz. Haben die Laubgehölze noch nicht ausgetrieben, kommt Licht bis zum Boden und Schneeglöckchen, Blausternchen, Hasenglöckchen und Anemonen wuchern hier. Dazu gesellen sich viele

Schneerosen, die sich selbst ausgesät haben. Ideal für schattige, trockene Bereiche sind auch Duftveilchen, Schlüsselblumen und natürlich die Zyklamen.
Hier sind es im Frühjahr die **Vorfrühlings-Alpenveilchen** (*Cyclamen coum*), die zeitgleich mit den Schneeglöckchen blühen, und im Spätsommer die heimischen *C. purpurascens*, die duftenden Alpenveilchen, die den Schatten lieben und nach dem ersten Regenschauer im August ihre Blüten öffnen.

Die zierlichen Alpenveilchen fühlen sich im Schatten sichtlich wohl.

PLÖTZLICH DEM LICHT AUSGESETZT

Eine dramatische Änderung brachte das viele Sonnenlicht, das nun plötzlich zur Verfügung steht. Statt der kompakt bleibenden Holunderpflanzensammlung wachsen die Gehölze nun „in den Himmel" und müssen durch Schnitt im Zaum gehalten werden. Wuchs früher meist nur der Efeu als Bodendecker, so sind nun die **Elfenblumen** (*Epimedium grandiflorum*) dominant geworden. **Leberblümchen** (*Hepatica nobilis*) beginnen am Standort zu leiden. Die kleine Sammlung wandert nun an schattigere Plätze, denn volle Hitze im Sommer sagt den kleinen Frühblühern nicht zu.

Die vielen dicken Baumwurzeln, die vom umgeschnittenen Wald zurückblieben, zersetzen sich langsam. Pilze gehören dabei zu den wichtigsten ersten Besiedlern, und deshalb tauchen an allen Ecken des Gartens auch bei mir „Schwämme" auf. Baumwurzeln bleiben viele Jahre lang als Erinnerung an große Bäume im Boden, liefern aber irgendwann einmal viel Humus.

Auch in einem relativ kleinen Garten ist also die Auswirkung der Klimaänderung mit dramatischen Folgen zu spüren – abseits der Tatsache, dass man mehr gießen muss, dass die traditionellen „grünen Rasenflächen" zeitweise braun sind und dass so manche Pflanze gänzlich verschwindet. Die Fichten auf dem Nachbargrundstück waren erst der Beginn.

Mein Gartenschatz

VEILCHEN (*Viola odorata*)

Über die Jahrhunderte wurden von den Gärtnern Sorten selektiert, die besonders große Blüten und intensiven Duft besitzen. 'Donau' stammt aus Österreich, blüht früh, duftet intensiv und hat lange Blütenstiele, die zum Pflücken einladen.
Blüte: Gelb, weiß, rot und gefüllt blühende
Kultur: Lehmiger Boden, der in der obersten Erdschicht sehr humos ist – zum Beispiel durch Blätter, die verrotten; unter Laubbäumen und -sträuchern; zusammen mit Leberblümchen; keine zu hohen Temperaturen: Wird es über längere Zeit wärmer als 15 °C, blühen sie nicht.
Besonderheit: Veilchen vermehren sich einerseits durch Ausläufer, andererseits durch Samen, die von den Ameisen verschleppt werden. Denn am Samenkorn befindet sich ein fettreiches Anhängsel (Elaiosom), das ein Leckerbissen für die kleinen Krabbeltiere ist.

#meingartenschatz

Foto © bonchan/Shutterstock.com

Funkien und Farne
führen gern ein
Schattendasein.

Foto © Flower_Garden/Shutterstock.com

#therealplogardentour

Weise Erkenntnis

Ein Garten ist niemals fertig!

Wer seinen Garten „schlüsselfertig" anlegen lässt und noch wenig Erfahrung beim Gärtnern hat, wird dennoch rasch erkennen: Der Garten bleibt nicht so, wie er ist. Licht und Schatten, Klima und Schädlinge – das alles verändert die Gestaltung im Lauf der Zeit. So ist der Spruch, den mir einmal eine Gartengestalterin ins Gästebuch geschrieben hat: „… es wird weiter gebaut …", am treffendsten. Jedes Jahr ein Stück Garten umgestalten, ein Beet vergrößern oder verkleinern, Mauern, Wege oder Brunnen und Bachläufe anlegen – das macht das Gärtnern abwechslungsreich!

#weiseerkenntnis

Gartenirrtümer

Im Schatten wächst nichts

Es muss richtigerweise heißen: „Im Schatten wächst nicht das, was ich gerne möchte!" Im Schatten aber gibt es ein sehr vielfältiges Wachstum, das macht schon der Spaziergang in einem Wald klar. Doch es braucht ein wenig Zeit, bis sich die Vegetation etabliert. Jedenfalls wird man über die Jahre den Jahreszeiten entsprechend die unterschiedlichsten Pflanzenkombinationen finden: von den Blumenzwiebeln im Frühling bis zu Pilzkulturen an Baumstämmen, die sogar Speisepilze liefern können. Zahlreiche Schattenstauden wie Funkien, Farne, Haselwurz, Schaumblüte und viele mehr können zu attraktiven Pflanzungen zusammenwachsen.

#gartenirrümer

GARTENREISEN

GUILDFORD
IN ENGLAND
2018

Der Garten **Knowle Grange** ist ein relativ junger Garten, hat aber eine sehr bewegte Geschichte. Da ist einmal die Größe: 30 Hektar. Dann die Lage: ein herrlicher Blick in die Ferne auf die Grafschaft Surrey. Das war nicht immer so. Denn als die gebürtige Französin mit ihrem Mann hierherkam, war das Haus umgeben von hohen Bäumen. Bis im Jahr 1987 der „Big Storm" eine Spur der Verwüstung zurückließ und das Haus praktisch allein am Hügel stehen ließ.

AUS DEM WALD WIRD EIN GARTEN

Diese Veränderung veranlasste die Besitzerin, zur Gartengestalterin zu werden. Bücher, Kataloge, zahlreiche Gartenreisen lieferten die Ideen, und alles, was man nun sieht, wurde von ihr angelegt. Lange, kreativ angelegte Hecken mit Fenstern, die Durchblicke ermöglichen, dazu herrliche große Rhododendren, die im Frühling den Garten in ein Blütenmeer tauchen. Mit dabei auch einer der beliebten „Bluebell Walks", der eineinhalb Kilometer lange Spazierweg durch ein Meer von blitzblauen Hasenglöckchen.

Knowle Grange, Guildford, Surrey
Der Garten öffnet an manchen Tagen im Rahmen des National Garden Scheme
www.ngs.org.uk

HOS HORTOS
ÆDIFICARE INSTITVIT
MARIE·ELISABETH
WOOD
A·S·MDCCCCXC

Fotos © Karl Ploberger

Foto © Mariola Anna S/Shutterstock.com

Das Leberblümchen (*Hepatica nobilis*) ist einer unserer ersten Frühlingsblüher.

GARTENFRAGEN RUND UM KLIMA UND SCHATTEN

 # livegartentipps

❀ **Unter meinen Wildsträuchern wächst nur Giersch, also Erdholler. Gibt es eine Möglichkeit, ihn zu entfernen?**

Solange der Giersch wächst, ist noch viel Licht vorhanden, der auch das Wachstum von anderen Pflanzen möglich macht. Die Elfenblumen, aber auch Frauenmantel und am Rand (mit mehr Licht) Bergenien wachsen so stark, dass sie langfristig sogar den Giersch verdrängen. Zur Unterstützung sollte man möglichst oft die grünen Blätter des Giersch abreißen, um ihm ein wenig Kraft zu nehmen.

❀ **Unser Efeu ist als Bodendecker zwar sehr praktisch, nun erobert er aber alles rundherum: Bäume, Zäune und einen Schuppen. Was sollen wir tun?**

Die als Bodendecker geschätzte Wuchskraft ist beim Efeu kaum zu bremsen. Hier hilft nur das konsequente zweimalige Abschneiden an den Rändern. Eine andere Lösung ist mir nicht bekannt.

❀ **Gibt es Pflanzen, die besonders gut im Schatten wachsen?**

Rippenfarn (*Blechnum spicant*), **Wurmfarn** (*Dryopteris filix-mas*), **Straußenfarn** (*Matteuccia struthiopteris*), **Hirschzungenfarn** (*Asplenium scolopendrium*) und, bei etwas mehr Licht, **Frauenmantel** (*Alchemilla molis*), **Bergenien** (*Bergenia* sp.), **Funkien** (*Hosta* sp.), **Haselwurz** (*Asarum europaeum*) und **Schaumblüte** (*Tiarella* sp.).

❀ **Unser Gartenteich liegt nun völlig im Schatten und sieht absolut idyllisch aus. Doch es blüht beinahe nichts mehr. Gibt es blühende Teichschattenpflanzen?**

Wenn es sich um Laubbäume handelt, kann man nur das (laublose) Frühjahr nutzen: Sumpfdotterblumen, die heimische Sumpf-Schwertlilie und die heimische Gelbe Teichrose, auch **Teichmummel** genannt (*Nuphar lutea*). Sie blüht im Gegensatz zur Seerose auch im Schatten.

Im Schattengarten wachsen Funkien (*Hosta* sp.) und Farne gut.

🌸 **In manchen Wäldern findet man im Unterholz die heimischen Frauenschuh-Orchideen. Was benötigen diese Pflanzen?**

Cypripedium calceolus, der Gelbe Frauenschuh, wächst am liebsten in Laubwäldern im lichten Schatten. Er steht unter strengstem Naturschutz und darf nur aus gärtnerischer Kultur verkauft werden. Nicht düngen, nur mit viel Laubkompost versorgen.

🌸 **Wie kann ich Leberblümchen großflächig in den tiefschattigen Garten bringen? Oft verschwinden die gepflanzten Stöcke rasch wieder.**

Leberblümchen benötigen im Frühjahr Licht und feuchte Böden, wie man sie in Laubwäldern findet. Trockene Böden unter Nadelbäumen sind nicht geeignet.

🌸 **Auf einer Reise haben wir in einem lichten Laubwald eine herrliche Unterpflanzung mit Hortensien gesehen. Ist das auch bei uns machbar?**

Ja, sicher. Allerdings ist die größte Schwierigkeit die Wasser-versorgung. Ich würde erste Versuche mit der besonders robust und regelmäßig blühenden *Hydrangea arborescens* 'Annabelle' versuchen. Sie wird jährlich komplett zurückge-schnitten. Zu tiefer Schatten darf allerdings nicht sein.

🌸 **Kann man alte, hohe Bäume mit Sträuchern unterpflanzen, um noch einen Sichtschutz zur Straße zu haben? Wir haben schon viel versucht, aber es wächst eigentlich nichts.**

Trockener Schatten mit einem starken Wurzeldruck ist ein besonders schwieriger Standort für Neupflanzungen. Als eines der wenigen Gehölze kann sich dort die **Eibe** (*Taxus baccata*) etablieren. Sie ist bei uns heimisch und immer schon ein Walduntergehölz gewesen. Die Jungpflanzen anfangs mit Wasser versorgen und ab und zu düngen.

🌸 **Bei uns muss ein großer Kastanienbaum gefällt werden. Was kann ich anstelle dieses Baumes setzen, ohne den Wurzelstock zu entfernen?**

Die Wurzelstöcke von Bäumen in Hausgärten sind oft ein Problem. Zwar kann man mit Stockfräsen mittlerweile viele Teile beseitigen, doch zurück bleibt Holz, das als Pflanzmaterial ungeeignet ist. Daher die Holzhäcksel beseitigen, Erde auffüllen und dann den neuen Baum pflanzen. Oder mit einigem Abstand den neuen Baum setzen, allerdings immer gut düngen, denn das verrottende Wurzelholz bindet viele Nährstoffe und bremst das Wachstum.

Das Jahr
2019

Karoline Ploberger im
Gespräch mit ihrem Vater.

Bepflanzte Trockenmauern sind lebendige Stein-Kunstwerke.

DIE NEUE TERRASSEN-MAUER

EINE MAUER, DIE VERBINDET

Die Neigung eines Grundstücks sieht ohne Verbauung ganz anders aus als danach. Das war auch bei uns so. Plötzlich verlangte das scheinbar flache Areal eine massive Terrassenmauer. Doch damals fehlten uns die finanziellen Mittel und eine einfache Mauer aus geschichteten Granitrandsteinleisten war das Ergebnis. Nach drei Jahrzehnten löste sie sich auf …

Bei unserer Trockenmauer stimmte die Konstruktion dahinter nicht. Anstatt die Mauer mit Schotter zu hinterfüllen, verwendete ich damals Erde. Diese wurde über die Jahre ausgeschwemmt,

Stützmauern erleichtern die Gestaltung von Hanggärten.

Fotos © Christoph Böhler

und nach und nach rutschten die Steine nach hinten. Die Mauer wurde immer instabiler und letztlich völlig vom Efeu überwuchert. Das sah zwar romantisch aus, allerdings war die Terrassenmauer nicht mehr zu erkennen. Die neue Mauer entstand 2019 und ist aus heimischem Granit errichtet – wie unsere Wege –, und sie wurde mit Beton gesichert. Ganz gegen meinen Willen, aber meine Frau meinte, dass in 30 Jahren keiner mehr Lust haben werde, die Mauer wieder neu zu bauen. Durchgesetzt habe ich mich hingegen mit ein paar „Schießscharten" als Öffnungen, in die trockenheitsliebende Pflanzen wie Thymian, Sedum, Oregano und die **Prachtkerze** (*Gaura lindheimeri*) gepflanzt wurden. Dahinter stehen die üppig blühenden Rosen – alte und neue Kletterrosen und Bodendeckerrosen – in bunter Mischung mit Stauden und Zwiebelblumen. So wurde aus dem Efeubeet von früher ein buntes Staudenbeet.

Tipp für die Gelassenheit

Kräutermauer – nützlich und dekorativ

Wer immer eine Chance hat, eine Trockenmauer zu errichten, sollte diese als Kräutergarten planen. Kein anderer Platz ist für mediterrane Kräuter wie Thymian, Salbei, Rosmarin, Oregano, u. v. a. besser geeignet. Auch als frei stehende, doppelte Mauer ist ein Kräuterhochbeet ideal und sieht darüber hinaus auch besonders gut aus. Die Blüten sind ein Magnet für Insekten, Schmetterlinge und die Steinmauer ein idealer Unterschlupf für Nützlinge, die dann bei der Schneckenbekämpfung helfen.

#tippfürdiegelassenheit

GÜNSTIGES KLEINKLIMA FÜR PFLANZEN

In vielen Hanggärten sind Trockenmauern, die in Form von Terrassenstufen angelegt werden, die ideale Umrandung für Gemüsegärten. Oft wurden sie gleich direkt mit den wärmeliebenden Kräutern bepflanzt oder sie sind der Hintergrund für wärmeliebende Pflanzen wie Tomaten oder Melonen. Auch Wein lässt sich entlang solcher Steinmauern im begünstigten Kleinklima gut ziehen, genauso wie Kiwi oder anderes wärmeliebendes Spalierobst. Pfirsiche, Nektarinen und Marillen gedeihen hier besonders gut.

Generell sind aber Steinmauern und die dahinterliegenden Beete für alle Pflanzen geeignet, die trockenere Bodenverhältnisse bevorzugen. In einem heißen Sommer kann es trotzdem mühsam werden. Es ist empfehlenswert, schon bei der Errichtung dafür zu sorgen, dass die Erde durchlässig, humos, aber auch wasserspeichernd ist. Daher: Nicht überall mit einer kiesig-sandigen Erde auffüllen (wie sie die Kräuter lieben), sondern auch ganz bewusst ein wenig schwerere Erde punktuell dort einfüllen, wo später einmal Pflanzen wachsen werden, die mehr Wasser benötigen.

Foto © GartenAkademie.com

Foto © Lillusion/Shutterstock.com

Campanula poscharskyana.

„Schon nach wenigen Monaten war alles gut eingewachsen, denn die polsterbildende Glockenblume (Campanula poscharskyana) entwickelte rasch einen blauen Blütenvorhang, der sich mit dem Thymian, dem Sedum und anderen Polsterpflanzen verwächst."

Foto © Madlen/Shutterstock.com

HERAUSFORDERUNG HANGGARTEN

Hanggrundstücke sind für viele Gartenbesitzer ein großes Problem. Dabei bieten gerade Gärten am Hang einen besonderen Reiz. Schaffen sie doch nicht nur unterschiedliche Gartenbereiche, sondern auch unterschiedliche Bodenverhältnisse. Und sie bringen in einen Garten eine interessante Struktur. Das Wichtigste bei einer Hanggestaltung ist zunächst einmal die Wegeführung. Das sollte vor der Errichtung von Mauern bedacht werden. Auch was die Höhe der Aufschüttungen betrifft, sollte man Maß halten.

Mein Gartenschatz

EFEU (*Hedera helix*)

Das Einzigartige am Efeu ist seine Vielgestaltigkeit und er überlebt selbst Trockenheit fast immer. Ich sehe Efeu als passendes Symbol für ungetrübte Heiterkeit, Jugend und Kraft. Eine vorbildhafte Pflanze für den intelligenten faulen Gärtner!

Blätter: Von dunklem, fast schwarzem Grün bis zu den unterschiedlichsten Weiß-, Gelb- und Grüntönen

Kultur: Immer tief genug setzen; kleinblättrige, grüne Sorten sind am robustesten, bei buntlaubigen kann es bei extremem Kahlfrost zu Schäden kommen.

Verdorrt über den Winter das Laub, ist es meist nicht abgefroren, sondern vertrocknet. Die Triebe schmücken sich schon wenige Wochen später wieder mit Laub.

#meingartenschatz

Weise Erkenntnis

Garten geht überall

Die vielen Hunderte Gärten, die ich in meinem Leben schon sehen durfte, haben mir gezeigt: Garten geht überall. Ob am flachen Land, in der Stadt, auf feuchten Wiesen, im steilen Gelände oder auch auf Balkonen und Terrassen – Pflanzen lassen sich immer und überall kultivieren. Daher die wichtigste Erkenntnis: Einfach loslegen und pflanzen. Der Erfolg wird kommen. Und – das Scheitern macht klüger und stärker.

#weiseerkenntnis

Schattenspiele sind wichtige Gestaltungsfaktoren im sommerlichen Garten.

Foto © RonPorter/Pixabay.com

MATERIALAUSWAHL

Welche Materialen man verwendet, ist im Prinzip individuell zu entscheiden, es gibt aber einige Aspekte, die man doch beachten könnte. Die Steine sollten aus der näheren Umgebung stammen, dann ist der Transportaufwand gering und die farbliche Komponente passt. Sind bereits Steine in Verwendung, dann sollte auf möglichst ähnliche Materialien zurückgegriffen werden, um keine zu große optische Unruhe in den Garten zu bringen. Neben Steinen lassen sich auch Stahl oder sogar Glas als Befestigung für Hänge verwenden. Am natürlichsten sind Steinschichtungen, sogenannte Trockensteinmauern. Konstruktionen mit Holz, die zwar nicht ewig halten, sich aber besonders harmonisch in einen Garten einfügen, stellen auch eine natürlich wirkende Möglichkeit dar. Langlebige Holzarten sind Lärche, Eiche, Robinie – sie alle halten bei etwas stärkeren Dimensionen der Pfosten 15 bis 20 Jahre und länger. Holz erwärmt sich im Frühjahr rasch und ist nicht ganz so problematisch, was das Austrocknen des Erdreichs betrifft. Kombiniert man solche Beete auch noch mit einem Mistbeet, dann erreicht man optimale Lösungen und wird rasch den „Nachteil" seines Hanggrundstücks vergessen.

Gartenirrtümer

Trockenmauern sind Mühe

Wer Trockenmauern richtig anlegt – mit dem richtigen Material, dem richtigen Unterbau, der richtigen Hinterfüllung und schließlich mit der richtigen, standortgerechten Bepflanzung– , wird an diesem Gartenelement besonders viel Freude haben. Nur ganz zu Beginn kann es sein, dass in manchen Steinfugen Unkräuter wachsen, die sich aber leicht entfernen lassen. Später werden die Blühpflanzen alles abdecken oder Lücken als Versteck für kleine Reptilien zurückbleiben.

#gartenirrümer

GARTENREISEN

MERAN
IN SÜDTIROL
2019

Im milden Klima von Südtirol ist in Meran rund um das **Schloss Trauttmansdorff** vor gut 20 Jahren ein außergewöhnlicher Schaugarten entstanden. Konzipiert als Landesgartenschau sind auf 12 Hektar nicht weniger als 80 Gartenlandschaften zu sehen. Das Gelände ist außergewöhnlich, denn es umfasst einen Höhenunterschied von 100 Metern und bietet damit herrliche Ausblicke in die Anlage und auf die umgebende Bergwelt.

AUSSERGEWÖHNLICHE GÄRTEN AUF STEILEM TERRAIN

Gezeigt werden zahlreiche Beispiele, wie man Gärten gestalten kann, mit Pflanzen aus aller Welt und auch in steilem Gelände. Denn viele Bereiche mussten mit Mauern gesichert und mit Treppen zugänglich gemacht werden. Dieses Kleinklima, das dadurch entstanden ist, wird geschickt für die Vielfalt der Bepflanzung genutzt. Der Garten ist zu jeder Jahreszeit attraktiv. **Die Gärten von Schloss Trauttmansdorff** Geöffnet: von April bis Mitte Oktober www.trauttmansdorff.it

Fotos © Karl Ploberger

Foto © Peter Turner Photography/Shutterstock.com

Spaliere bieten an glatten Wänden gute Hilfen für Kletterpflanzen.

GARTENFRAGEN RUND
UM MAUERN UND HANGLAGEN

#livegartentipps

🌺 **Hinter unserem Haus ist ein Hang, den wir aufgrund der Steilheit nicht nutzen können. Wenn wir nun Terrassen mit Mauern anlegen, befindet sich der Bereich im Schatten. Wie können wir ihn dennoch nutzen?**

Voll im Schatten liegende Gartenteile lassen sich nicht für Gemüse und Kräuter nutzen – jedenfalls nicht mit Erfolg versprechendem Ertrag. Aber es könnten hier Beete mit Funkien, Schneerosen, Maiglöckchen und natürlich Farnen geschaffen werden, die sehr dekorativ wirken.

🌺 **In unserem sehr modern gestalteten Garten sind die Böschungen mit rostigem Stahl befestigt. Allerdings verbrennen im Sommer alle Pflanzen am Rand. Wie können wir das verhindern?**

Wahrscheinlich wäre es sinnvoll, immergrüne Hängepflanzen an den Rand zu setzen, damit das Sonnenlicht nicht die Stahlkanten aufheizt. Ich würde den gelb blühenden **Winterjasmin** (*Jasminum nudiflorum*) setzen.

🌺 **Gibt es Gemüse, das in der Trockenmauer kultiviert werden kann? Wir haben so wenig Platz im Garten und müssen alles ausnützen. Kräuter sind dort schon platziert!**

Es wird von der Konstruktion der Mauer abhängen, wie groß die Zwischenräume sind. Grundsätzlich ist alles möglich, aber schwierig in der Bepflanzung. Ich würde nicht zu oft die Bepflanzung ändern, denn das macht die Mauer langfristig instabil.

🌺 **Lässt sich eine Feige in einer Steinmauer ziehen? Wir haben einen toskanischen Garten vor Augen, wo diese Pflanzen an allen Ecken und Enden wachsen.**

Sicherlich. Allerdings sollte man zumindest drei Jahre die Pflanze im Topf belassen und erst dann auspflanzen. Gut 20 cm tiefer setzen, damit die Wurzeln gut geschützt sind. Im Winter eventuell mit locker umwickelten Leinen schützen, damit die Pflanze nicht zu früh austreibt. Und: Fühlt sich die Feige wohl, dann wird sie sehr groß!

Begrünte Mauern sind für Insekten & Co. wichtige Lebensräume.

❀ **Wenn Sie eine bestehende Steinmauer bepflanzen müssten, die nur sehr schmalen Fugen hat, welche Pflanzen würden Sie wählen?**

Ich würde auf die große Vielfalt der Dach- oder Hauswurz setzen, bei denen schon die kleinsten Kindel sofort wieder wurzeln. Auch Sedum und die Felsennelke kommen mit sehr wenig Humus aus.

❀ **Muss man Pflanzen in Steinmauern mit Dünger versorgen? Ich könnte nur mit flüssigem Dünger gießen, sonst bringe ich keine Nährstoffe zu den Wurzeln, weil die Fugen so eng sind.**

Alle trockenheitsliebenden Pflanzen, die man in Steinmauern setzt, müssen de facto nicht mehr gedüngt werden, wenn sie einen direkten Erdschluss zu dem dahinterliegenden Erdreich haben. Von dort holen sich die Pflanzen die Feuchtigkeit und die Nährstoffe.

❀ **Wenn wir einen Hang mit einer Mauer terrassieren, steht uns ein alter Birnbaum, den wir unbedingt erhalten wollen, im Weg. Er würde hinter der Mauer gut einen Meter zugeschüttet. Ist das ein Problem?**

Ja, das ist ein großes Problem, und der Baum wird mit hoher Wahrscheinlichkeit nicht überleben. Besser ist es, die Mauer im weiteren Halbkreis um den Stamm zu errichten und so den Baum zu umgehen. Wurzeln ersticken, wenn sie aufgeschüttet werden.

❀ **Unsere Nachbarn haben beim Aufschichten der Trockenmauer ein Unkrautvlies dahinter eingefügt. Ist das sinnvoll?**

Wenn das Vlies Wasser durchlässt, kann man das so machen. Es verhindert auch das Ausschwemmen von Erde.

❀ **Gibt es Rosen, die man an einer Trockenmauer pflanzen kann und die Hitze aushalten?**

Generell ist die Rose sonnenhungrig; nur wenn der Platz zu stickig wird, dann könnte es bei manchen Rosen Probleme mit Mehltau geben. Am robustesten sind ohne Frage die Bodendeckerrosen.

❀ **Ein sehr lästiges Unkraut plagt uns seit Jahren: der Schachtelhalm. Der Hang wurde deshalb abgebaggert und Trockenmauern errichtet. Doch jetzt, nach drei Jahren, kommt plötzlich wieder das Zinnkraut! Was können wir tun? Wir verwenden kein Gift!**

Schachtelhalm ist sicherlich das lästigste Unkraut, sosehr wir die Inhaltsstoffe als Pilzbekämpfungsmittel schätzen. Doch die gute Nachricht: Wenn der Boden durch die Mauern nun allmählich immer trockener wird, dann wird das Zinnkraut verschwinden. Trotzdem: Alles penibel ausreißen und das Gelände von Zeit zu Zeit mit Algenkalk versorgen. Zinnkraut wächst auf schweren, feuchten, sauren Böden.

WOHIN GEHT DIE REISE?

„FRÜHER WAR SOGAR DIE ZUKUNFT BESSER!"

Diesen Spruch von Karl Valentin verwende ich oft,
wenn mir Gartenfreundinnen und -freunde ihr Leid klagen:
Wühlmäuse, Trockenheit, Schnecken, Pilzkrankheiten …

Ich kann keine tatsächliche Zukunftsprognose abgeben, aber eines ist klar: Das Leben bleibt voller Überraschungen. Auch im Garten. So werden wir auch in Zukunft damit leben müssen, dass es Jahr für Jahr neue Herausforderungen gibt, aber auch neue Erkenntnisse.

Wer hätte vor einigen Jahrzehnten gedacht, dass einmal die Schädlinge mit Nützlingen bekämpft werden können, dass man es ganz ohne Gift schafft, Schnecken zu vertreiben, oder dass es neue Pflanzensorten gibt, die (ohne Genmanipulation!) viel robuster sind und viel mehr Ertrag liefern? Das alles ist nur möglich, weil wir auf den Erfahrungen unserer Vorfahren aufbauen können und weil die großen genetischen Pflanzenbanken immer bessere und robustere Sortenzüchtungen ermöglichen. Daher ist es auch so wichtig, alte Sorten zu erhalten, um Geschmack und Vielfalt weiterhin genießen zu können.

Seit Jahrzehnten planen und diskutieren
Uli und Karl Ploberger ihre Gartenprojekte.

Foto © Christoph Böhler

Wohin wird die Reise in meinem Garten gehen? Nach gut 30 Jahren kommt das Stück Paradies in ein Alter, wo man da und dort revitalisieren muss. So wird der Gartenteich, der als reines Biotop geplant wurde, in den nächsten Jahren verlanden und muss geräumt werden. Ob er wieder genau so aufersteht oder doch ein kleiner Schwimmteich wird, das wird sich zeigen. Die Wildsträucherhecke wird reduziert werden, und der eine oder andere Baum, der an einer Pilzerkrankung leidet, wird, wohl oder übel, ersetzt werden müssen.

Ja, und noch etwas wird sich in den nächsten Jahrzehnten zeigen: Wie lässt sich ein Garten mit der Vielfalt, den Hunderten Pflanzen in Kübeln und Töpfen mit steigendem Alter erhalten?
Aber auch das ist eine Devise von mir: Ich lebe jetzt! Ich denke zwar an die Zukunft, lasse mir aber durch nichts und niemanden die Freude am Experimentieren nehmen. Es gibt noch viele Pflanzenarten, die ich erkunden möchte.

„Der Garten ist niemals fertig …"

… habe ich in diesem Buch geschrieben. Und er wird es tatsächlich nie sein!

Begleiten Sie mich weiter in eine grüne, bessere und vielfältigere Zukunft!

URKUNDE

Der Hauptausschuß des Landesverbandes
der Berufsgärtner Oberösterreich
hat in seiner Sitzung am 13. Jänner 1997
beschlossen, Herrn

KARL PLOBERGER

ORF Landesstudio OÖ
aufgrund seiner fachlichen Kenntnisse
den Titel

EHREN-GÄRTNERMEISTER

zu überreichen.

Linz, den 23. Jänner 1997